Le savoir-vivre en entreprise

Business oblige!

Éditions d'Organisation
Groupe Eyrolles
61, bd Saint-Germain
75240 Paris Cedex 05

www.editions-organisation.com
www.editions-eyrolles.com

DU MÊME AUTEUR

La vraie vérité sur l'entreprise, Eyrolles, 2006.

L'armée racontée aux enfants, Eyrolles, 2005.

Du centre d'appels au téléservice, Éditions d'Organisation, 2000.

L'entretien téléphonique, Éditions d'Organisation, 2000.

Mieux utiliser le téléphone, Éditions d'Organisation, 1999.

Sophie de MENTHON

Le savoir-vivre en entreprise

Business oblige!

EYROLLES

Éditions d'Organisation

À celui que je reprends tous les jours !

« J'aime la règle qui corrige l'émotion. »

Georges BRAQUE

Sommaire

© Groupe Eyrolles

VIII

Introduction

S'il y a bien une chose dont je suis certaine en écrivant ce petit guide, c'est qu'aucun lecteur ne se sentira concerné par ce qui va suivre, sinon pour y reconnaître les autres. Je suis consciente du privilège que j'ai, de n'être lue que par des gens irréprochables et qui n'ont d'autres objectifs que de faire profiter leur prochain de leur conception (la bonne!) du savoir-vivre.

Si le lecteur constate que son attitude diverge considérablement dans quelques situations particulières de ce qui est «conseillé» dans ce guide, c'est que je me suis trompée sur ce qui se fait ou ne se fait pas! Bref, j'ai le plaisir d'écrire sur un sujet qui ne concerne strictement personne, mais qui, selon l'avis général, intéresse tout le monde.

Avant d'être des règles, savoir-vivre et communication d'entreprise (indissociables) devraient être des témoignages d'attention et de délicatesse. Malgré l'émergence d'une considération nouvelle pour tout ce qui concerne les ressources humaines, il nous faut nous rendre à l'évidence : l'entreprise fait figure de Madame Sans-Gêne dans un monde où le libéralisme économique a induit un libéralisme des usages laissant libre cours à une décontraction revendiquée dans les relations humaines. La revalorisation du rôle du chef d'entreprise, la recherche de cadres de plus en plus «supérieurs», la métamorphose des secrétaires en «assistantes» et des femmes de ménage de bureaux en «techniciennes de surface», n'ont pas pour autant élevé le niveau de courtoisie. Le constat est sans appel : l'entreprise est mal élevée!

Serait-ce à cette fameuse conjoncture que nous devons l'accroissement d'une nouvelle classe sociale profession-nelle, celle des *business ploucs*? Issus de tous les horizons, on les retrouve partout. «*Ils n'en mourraient pas tous, mais tous étaient atteints.*»

Le président le plus élégant d'une prestigieuse multinatio-nale peut être atteint du virus et toute trace d'éducation s'évanouir. L'arrivisme fait oublier les rudiments élémen-taires de l'éducation; le pouvoir transforme en mufles, les médias créent des mégalos, et tout cela nous plonge dans une ambiance curieuse de relationnel douceâtre au détri-ment des principes de base d'un comportement courtois.

Au fait : «faire la gueule» est mal élevé et le sourire est le «geste» le plus courtois qui soit!

On se croit bien élevé parce qu'on se souhaite tout et n'importe quoi à longueur de journée : «bonne journée… bonne fin d'appétit (sic : au restaurant au moment du des-sert…) bonne soirée… bonne séance… bonne réunion… bon RTT!» On n'a plus le temps de dire autre chose. Un tic sociétal compensatoire.

Toute ressemblance avec des personnes existantes n'a strictement rien de fortuit.

Savoir être
ou le respect des valeurs

« Dans l'humanité, il n'y a que les détails qui changent. »

Alfred CAPUS

Selon Kant, la politesse, « cela ne se fait pas », est anté-
rieure à la morale, « cela ne doit pas se faire »[1]. Ce qui
revient à dire que les consignes basiques d'une éducation
qui commence dès la petite enfance sont le socle sur lequel
s'ancre la morale. Mais notre comportement est bien souvent schizophrène : tel être exquis en famille sera un rustre
parfait avec des étrangers; tel chef d'équipe respectueux
de ses employés sera un tyran domestique; un ami délicat
et plein d'attentions fera un patron exécrable... Le poids
symbolique qu'on attache aux êtres et aux situations dicte
la plupart de nos attitudes. Or, ces valeurs connaissent un
bouleversement correspondant à celui de la technologie,
et si l'on peut aisément gérer les conséquences d'une évo-
lution technique, les évolutions sociologiques, elles, sont
insidieuses et infiniment plus complexes.

L'entreprise est un corps social mal défini qui n'obéit réel-
lement à aucune règle de comportement individuel.

© Groupe Eyrolles

---

1. Emmanuel Kant, *Réflexions sur l'éducation*, Paris, Vrin, 1996.

1

Aujourd'hui extrêmement composite, ce corps social professionnel est constitué, d'une part, des héritiers de ces messieurs les «ronds-de-cuirs» chers à la fin du XIXᵉ qui persistent et signent, indifférents aux ordinateurs qui côtoient leurs encriers et, d'autre part, d'une nouvelle génération qui baigne dans une culture d'entreprise sans limites territoriales, sans contraintes techniques et pour qui les ressources humaines se gèrent comme le reste, à l'arraché.

L'honnêteté est le commandement de base dans la hiérarchie des valeurs. Ses contours sont devenus très élastiques malgré le grand retour de l'éthique. La «gratte» dans l'entreprise est devenue monnaie courante, on «emprunte» extrêmement facilement. On «trouve» encore plus aisément (vous ferez beaucoup rire en demandant où sont les «objets perdus» lorsque vous ramasserez quelque chose dans la rue, fût-ce devant l'immeuble de votre bureau). La «fauche» est devenue un sport national. Le vocabulaire lui-même est complice puisqu'il fournit pour tous ces actes une multitude de sympathiques euphémismes. Si vous les remplacez par le mot «vol», ceux que vous prenez à témoin haussent les épaules, signifiant par là que vous exagérez et que vous faites preuve d'un moralisme excessif. L'incivilité n'est déjà plus condamnable sévèrement. Le rusé et le débrouillard suscitent la sympathie et l'admiration tandis que le consciencieux fait figure d'imbécile.

L'honneur, on n'en entend plus beaucoup parler, en tout cas dans le monde de l'entreprise. La fluidité des masses salariées a banalisé le licenciement. Pour nos parents, «être renvoyé» constituait l'affront suprême, le désaveu absolu. En 2007, vous avez statistiquement toutes les chances de l'être une ou deux fois dans votre vie professionnelle; tant et si bien que la honte d'hier est presque une gloire aujourd'hui. Être «viré» se revendique haut et fort comme une manifestation de sa forte personnalité, de l'audace dont on a fait preuve en ayant occupé un poste à risques, d'une aptitude à être dans le mouvement, au sens dynamique du terme (nous excluons bien sûr de cette remarque ceux qui sont licenciés et victimes des contraintes d'une situation économique). La fierté, la solidité de l'emploi, la fidélité à l'entreprise sont des valeurs éteintes tout simplement parce qu'on ne sait pas très bien par quoi les remplacer. Le savoir-vivre nous met sur le bon chemin.

Le respect de la parole donnée, voilà qui fait sourire, et là aussi il y a de quoi être troublé. La complication croissante de la jurisprudence, la multitude des tractations financières des OPA ou de simples rachats, ou encore la complexité de contrats en tout genre imposent une double lecture permanente des engagements pris et une méfiance systématique. Les protocoles d'accord, rédigés par des professionnels, ne contiennent plus la moindre faille, et tous les pièges possibles sont soigneusement étudiés et dissimulés pour éviter de revenir sur ce qui a été prévu. Le respect des engagements n'a de sens que pour les perdants; dans la règle actuelle du jeu, les accords sont faits pour être rompus et l'on a une bonne réputation que lorsqu'on tient un partenaire à sa merci. Plus que jamais, la fin justifie les moyens, et l'on ferme complaisamment les yeux sur les méthodes.

La dignité, valeur satellite de l'honneur, garde un peu plus de sens mais sans faire l'unanimité. On l'attribue volontiers aux «coincés» qui s'y drapent faute d'être «cools». C'est aussi, pense-t-on, la valeur refuge des perdants.

Le désintéressement. Si vous affirmez que vous en faites preuve, on en déduira que vous n'aimez pas les *challenges*, que vous ne «ferez pas d'argent» ou, plus élégamment, que vous serez un mauvais gestionnaire. Mais «un homme qui ne demande jamais de service à quelqu'un finit par se faire la réputation d'un homme qui n'en rend pas».

La modestie n'est pas au tableau d'honneur. Peut-être manquez-vous de confiance en vous? Pire, n'est-ce pas simplement que vous n'êtes pas médiatique? Tous ces renversements brouillent les pistes et relèguent le savoir-vivre traditionnel aux entrepôts des PME de province; la capitale et les grandes villes étant les principaux foyers du virus de la goujaterie, la concentration y est maximale et l'effet d'entraînement considérable.

Les services. À force de faire payer les services, on ne sait plus rendre service. Mal remise d'une Révolution qui a assimilé le «service» à une exploitation aristocratique, la notion de service n'est plus que *marketing*… Il s'agit d'une disparition plus grave qu'elle n'en a l'air. Qui ramasse un gant perdu dans la rue? Qui cède sa place? Qui laisse passer? Qui tient la porte? Qui se donne la peine de faire quelque chose, gratuitement, pour quelqu'un que l'on connaît à peine? Qui se donnerait la peine de rapporter au commissariat un objet trouvé? Et de l'absence de gratuité du geste découle, pernicieusement, une forme de malhonnêteté.

Les valeurs. Si «la valeur n'attend pas le nombre des années», les valeurs, elles, sont tellement revendiquées qu'elles en perdent tout leur sens. On confond la valeur de l'argent, les valeurs d'entreprise ou le *more value for money*, grand principe *marketing* qui consiste à en donner plus pour son argent au consommateur, etc. Les vraies valeurs doivent se partager et se respecter; elles ne découlent pas d'une charte interne ou d'un axe de communication... Les valeurs de l'entreprise ne sont que la somme de la valeur morale et comportementale individuelle de chacun des collaborateurs. Encore faut-il respecter les hommes, leur conscience et leur libre arbitre sans tout sacrifier sur l'hôtel de la performance.

La politesse. Certes, ce n'est pas en soi une valeur, mais c'est en tout cas une qualité qui permet la vertu. L'affranchissement de règles, considérées comme bourgeoises, a laissé un vide qui n'est pas simplement celui d'un code mondain réservé aux coincés. La bonne éducation est comme ces légumes oubliés des potagers d'antan que l'on redécouvre actuellement. L'école et encore moins la fac refusent d'éduquer pour se recentrer sur leur mission qui est d'instruire; les parents baissent souvent les bras et l'on entre alors dans la vie professionnelle pour «gagner sa vie», de plus en plus désarmé par cet univers impitoyable. En même temps, on veut à tout prix être heureux dans l'entreprise. Pour cela, encore faudrait-il savoir y vivre...

Savoir converser

Si l'on ne parle pas « affaires », de quoi peut-on parler avec des interlocuteurs que bien souvent on ne verrait en aucun cas sans motif professionnel ? Mais il y a des moments où la conversation prend une tournure générale ; la prudence devient alors la règle et il convient de maîtriser non seulement ses paroles mais les sujets abordés.

Quelques conseils

Informez-vous. Prenez le temps de lire la dernière édition d'un ou deux quotidiens : votre aptitude à commenter l'actualité vous classera dans la catégorie des individus bien informés et meublera la conversation. Veillez à ne pas afficher votre appartenance politique. Respectez également l'inculture possible de votre partenaire dans un domaine que vous connaissez bien ; il n'est pas forcé de savoir ce qu'on donne à l'Opéra. Tout le monde a son « dada », et ne profitez pas trop du vôtre pour briller à bon compte. Exercez-vous à changer de sujet si vous êtes sur un terrain glissant : ce n'est pas le moment de défendre des convictions personnelles ou de ramener un égaré à votre point de vue (que ce soit sur les avantages de Chamonix ou sur le rayonnement de la culture islamique). Dominez votre souci de l'exactitude et votre sens du mot juste qui vous font compléter et corriger détails et anecdotes de votre interlocuteur. Surtout, si vous « savez mieux », n'en montrez rien, vous y gagnerez toujours.

Situez votre interlocuteur. Essayez de situer votre interlocuteur socialement pour éviter des impairs. Témoignez de l'intérêt pour la vie que mène votre interlocuteur, sans toutefois aborder le sujet de sa vie privée. Si vous êtes en rendez-vous avec votre patron ou toute autre personne que vous estimez plus importante que vous, masquez votre timidité mais ne prenez pas d'initiative.

Respectez les règles de la conversation. Respectez les sujets de conversation abordés sans imposer les vôtres. Veillez à ne pas monopoliser la conversation et à ne pas parler exclusivement de ce qui vous intéresse. Si vous posez une question, attendez la réponse. Ne coupez pas la parole (quel que soit votre enthousiasme); en revanche, sachez la prendre et ne vous laissez pas submerger par un bavard.

Évoquez autrui avec discrétion. Soyez particulièrement prudent sur les commentaires que vous pouvez faire sur autrui. C'est un piège dans lequel il faut absolument veiller à ne pas tomber. Évitez le *name-droping* (littéralement : «faire pleuvoir les noms»). En revanche, renseignez-vous avant, si vous le pouvez, pour savoir si vous n'auriez pas un ami ou une relation commune; cela peut se révéler bien pratique, à condition toutefois d'éviter d'en faire le thème du déjeuner. N'apportez pas la contradiction, ni un soutien trop énergique à quelqu'un au détriment d'un tiers. Celui que vous aurez isolé dans une dialectique s'en souviendra toujours et vous aurez un ennemi professionnel de plus.

Respectez l'autre. Pas de flagornerie : rien de plus exaspérant qu'un vis-à-vis laudatif qui fait référence en permanence à vos talents; en revanche, sachez recevoir simplement un compliment sans le commenter ou en rajouter sur vousmême. Lorsque vous êtes plus de deux, adressez-vous le plus

8

souvent possible au groupe et non à un seul en particulier. Si vous faites un aparté, veillez à ce qu'il ne se prolonge pas, quitte à y revenir par la suite. Ne volez pas les «effets» des autres. Ne terminez jamais une phrase à leur place, et encore moins une histoire drôle! À propos, êtes-vous sûr qu'elle l'est vraiment? Et si vous ne savez pas bien la raconter, abstenez-vous. Dans un groupe, repérez les timides et essayez de les mettre à l'aise. Le nombre de budgets perdus parce qu'on n'a littéralement pas «vu» l'un des interlocuteurs est incalculable. Essayez de mesurer le degré d'intérêt que vous porte votre auditoire. Nous sommes tous capables de sentir s'il est authentique ou non. Si votre auditoire est gagné par l'ennui, ne vous enfoncez pas, écourtez!

Les sujets à éviter

Le «médical» est à la mode, et nous ferions bien de nous inspirer des Anglais qui font de leur pudeur nationale un rempart efficace. La description de la «gastro» chez nous a hélas remplacé la «crise de foie», plus discrète dans ses symptômes. On cachait soigneusement les pratiques addictives et depuis qu'on les expose à la télévision, on a droit aux récits des cures de désintoxication en tout genre, aux sevrages anti-tabac, anti-drogue, anti-cholestérol... Les *top challenges* du régime basse calorie de la stagiaire intéressent plus que l'atteinte des objectifs commerciaux du service commercial...

L'**argent** : transparence oui, étalage non.

La **politique** : l'entreprise n'a pas à vivre vos indignations et vos partis pris, ni même à entendre votre argumentation militante.

La psychologie : l'impudeur est totale, elle est même à la mode. Rappelez-vous que le coach de l'entreprise n'est pas là pour vous conseiller sur votre vie sexuelle et que les stages de formation ont pour objectif d'améliorer vos performances et non de voir exposer votre œdipe.

Les croyances : si votre voyante vous jure que vous ne signerez plus de contrat et que l'informatique s'arrêtera brutalement à la nouvelle lune, n'en faites pas profiter vos collègues. Même pudeur, s'il vous plaît, concernant vos convictions religieuses.

La famille : laissez de côté la carrière de votre mari, vos tentatives infructueuses d'insémination artificielle et les soucis que cause le petit dernier. Tout le monde s'en portera mieux.

Le sexe : vos attirances (surtout si elles concernent des collègues !), vos « déviances », vos malheurs ou vos succès amoureux ne regardent personne.

Les romances professionnelles : personne ne sera dupe si vous avez absolument besoin de votre assistante au congrès à Venise. Le pire serait encore de vous vanter d'avoir les « faveurs » de la directrice de la communication ou du patron. Gardez le secret jusqu'à ce que l'officialisation soit un choix de vie.

L'humour : souvenez-vous qu'il vaut mieux renoncer à un bon mot que perdre un client (personnellement, je trouve que cela se discute, mais l'expérience m'a toujours donné tort). La « blague » est à éviter à moins d'avoir un vrai talent de conteur. On a généralement le choix entre :

- l'humour vulgaire ou lourd ;
- l'histoire raciste (Belges, Noirs, Juifs, blondes…) ;

* le trop subtil (personne ne comprend);
* la plaisanterie grasse sur quelqu'un dans l'entreprise (ça lui revient dans la journée);
* les «accents» (vous cherchez encore s'il a voulu imiter un Polonais ou un Marseillais...);
* votre interlocuteur a oublié la chute...

Dans tous les cas, arborez un sourire poli et distant en changeant de sujet si la «blague» est déplacée. Si «votre» blague à vous tombe à l'eau, ne vous appesantissez pas!

Bref, la discrétion et la pudeur élèveront le niveau de vos conversations de bureau et rendront la machine à café plus fréquentable.

Les règles d'or de la communication professionnelle

✓ Utiliser les prénoms après deux à trois rencontres, en demandant l'autorisation.

✓ Respecter des règles de comportement du milieu professionnel de votre interlocuteur.

✓ Avoir le sens de la hiérarchie et respecter les collaborateurs à tous les niveaux.

✓ Favoriser une ambiance feutrée (le silence et des échanges à mi-voix donnent une impression de concentration, et même de luxe).

✓ Faire preuve de considération envers les subordonnés (mort au petit chef!).

✓ Montrer de la réserve lorsqu'il s'agit de s'exprimer sur la concurrence.

✓ Respecter la vie privée de ses collègues, notamment si l'on est contraint de leur imposer une charge de travail supplémentaire.

Les pièges à éviter

✓ La « bise » dès la première rencontre.

✓ Le tutoiement systématique au bout d'un quart d'heure.

✓ Manifester une fausse familiarité.

✓ Faire preuve d'obséquiosité envers ses supérieurs (un client ne doit jamais ressentir qu'il est moins important à vos yeux que votre direction).

✓ Les éclats de voix ou de rire tonitruants.

✓ Les formes de dénigrement. On témoigne de la richesse d'une entreprise en valorisant ses collaborateurs, de même que dénigrer un concurrent n'est pas le meilleur moyen d'asseoir sa supériorité.

✓ Le récit du « pourquoi » de vos arrêts maladie (avec description des symptômes).

✓ La claque dans la main façon club de foot.

Savoir
passer à table

« Le déjeuner d'affaires est utile
à cause de la relation qui unit les sentiments et l'estomac. »

Auguste DETŒUF

Il est évident qu'en France la table prend une importance toute particulière. Ce moment de convivialité est aussi le révélateur, inconscient ou implicite, de très nombreuses composantes de la personnalité, de l'origine, des coutumes et des comportements. Professionnellement, c'est l'occasion de tisser des liens; en affaires, c'est le lieu d'exercer, toutes antennes dehors, ses capacités d'observation et d'intuition. Tout est important : le choix du lieu, du menu et la façon de se tenir. C'est peut-être l'occasion de faire un « examen de table » et de porter un jugement sur son propre laisser-aller? Rappelez-vous : « *Ne mets pas tes coudes sur la table... ne sauce pas... ne trempe pas ton pain dans ta soupe.* » L'enfance est loin, un petit retour en arrière ne nous fera pas de mal.

Préparer un déjeuner d'affaires

Où ? Il faut savoir choisir l'endroit. Évitez les restaurants bondés, même s'ils sont à la mode, et ceux qui sont déserts

13

(on peut supposer que ce n'est pas sans raison). Sachez que l'usage veut que ce soit celui qui choisit le restaurant qui règle l'addition.

Comment ? La politesse veut que vous teniez compte de la distance dans le choix du restaurant : on vous sera peut-être plus reconnaissant d'une moins bonne table située dans le quartier de votre invité, que d'un lieu plus somptueux mais plus éloigné et où il est impossible de se garer.

La veille, confirmez le lieu du déjeuner et donnez éventuellement des instructions pour faciliter le déplacement : emplacement des parkings, chasseur, station de métro, itinéraire…

Avant de partir déjeuner, vérifiez que la réservation a bien été faite.

La ponctualité : arrivez à l'heure! Rester seul à table dix minutes est le maximum supportable. Vous êtes le premier, vous savez que vous êtes invité et le maître d'hôtel vous demande si vous voulez boire quelque chose : vous avez juste droit à une demi-bouteille d'eau, tout autre commande serait déplacée ! De même, ne prenez pas la banquette d'assaut, ou alors levez-vous quand votre invité arrive en faisant mine de la lui céder.

La discrétion : connaître le patron du restaurant vous emplit d'une fierté certainement légitime. Est-il utile pour autant de lui taper dans le dos pendant un quart d'heure et de ponctuer ces démonstrations d'éclats de rire complices (de qui se moque-t-on ?). Évitez les clins d'œil de ce même patron lorsque c'est avec une femme que vous déjeunez et n'arborez pas un regard complice. Si vous connaissez tout le monde, n'allez pas serrer la main à chacun en gagnant votre table ; votre hôte, lui, ne connaît personne, il peut se montrer vexé ou agacé, à juste titre... Même si cela peut s'avérer susceptible de jouer en votre faveur, notamment s'il s'agit d'un lieu fréquenté par certains milieux professionnels qu'il est valorisant d'avoir pénétrés, sachez ne pas vous en vanter !

La fermeté : éliminez les endroits où le service est d'une lenteur et d'une prétention qui gênent le déroulement de la conversation. Si vous êtes la puissance invitante et que le maître d'hôtel vous ignore superbement, interpellez-le ; soyez rapide et ferme pour passer commande. Mais si vous êtes invité et exaspéré par la lenteur des prémices, ne prenez aucune initiative personnelle et inventez-vous un rendez-vous urgent pour faire réagir la puissance invitante.

La commande

A priori, rien de plus simple une fois bien assis, que de commander ce qui vous plaît, pensez-vous ? Erreur ! C'est là que les pièges commencent.

Le menu : ne vous plongez pas dans la carte pour en ressortir vingt minutes après. Certes, c'est important, mais pas à ce point-là et pas pour tout le monde. En revanche, si votre hôte semble traiter le menu comme un ouvrage de référence, intéressez-vous.

L'apéritif ? Au risque d'apparaître « rabat-joie » ou de soulever une protestation collective des viticulteurs et autres lobbies alcoolisés, je suggère de faire l'impasse sur cette pesante habitude. On boit déjà trop dans les déjeuners d'affaires, et celui qui débute par un apéritif contraint implicitement les autres à le suivre. Heureusement, la tendance est à la sobriété.

Le choix : il faut savoir choisir. Certains restaurants ont des «menus affaires», et c'est l'idéal : pas d'attention à prêter au prix des plats et à leur nombre, pas besoin de calquer son comportement sur celui des autres… Ne choisissez pas à tout prix ce qui symbolise le luxe (caviar, homard…) et qui est onéreux. Ne choisissez pas les plats qui nécessitent une longue préparation. Vingt minutes d'attente pour un soufflé, c'est trop long et agaçant. Commandez le même nombre de plats que les autres. Annoncez la couleur dès le début : «*Je ne prends pas d'entrée, mais j'opterai pour une salade ou un dessert…*» L'objectif est de bien gérer le temps car il s'agit d'une rencontre professionnelle et pas uniquement d'un moment de plaisir. Évitez l'ail! Par courtoisie pour vos rendez-vous de l'après-midi. Renoncez aux plats très sophistiqués qui donnent l'impression que vous êtes là pour «*vous en mettre plein la lampe*». La différence est subtile entre le fait de faire honneur à un repas et celui de se comporter en «gueuletonneur».

Pitié : oubliez votre régime! Ne prenez pas le maître d'hôtel pour un diététicien. Si vous suivez un régime, faites-le en toute discrétion. De même, avalez vos médicaments rapidement et discrètement. On ne parle pas de sa santé… et encore moins à table. Une vieille règle anglo-saxonne qui a du bon.

Évitez la cantonade. Le joyeux drille ne l'est que pour lui-même. Sous prétexte de générosité ou de convivialité, ne choisissez pas le menu pour les autres. Vos goûts ne sont pas indiscutables, et commander (même) «du homard pour tout ce monde» est de mauvais goût. Une seule exception, un homme qui invite une femme commandera pour elle un met, trop luxueux pour qu'elle n'ose le suggérer elle-même (foie gras, homard, caviar...).

Le prix : ne vous montrez pas radin! Proposez à votre invité de choisir à la carte, même si vous prenez le menu.

Fromage ou dessert? Même si pour vous il n'y a pas de repas sans fromage, sachez qu'en règle générale, il n'est plus de bon ton d'en prendre au restaurant, à moins que ce ne soit pour remplacer le dessert. Rien n'est plus exaspérant que ceux qui prennent de tout; autant chez des amis, il peut s'agir de convivialité et de bonne éducation, autant au restaurant, dans ce type de circonstance, ce peut être gênant.

L'addition s'il vous plaît!

Du tact : quand on vous présente la note, de grâce, vérifiez-la discrètement. Si vraiment vous faites partie des «rats méfiants», vous ferez ça au calme, dans votre bureau, et vous pourrez toujours téléphoner si on vous a compté deux «Badoit» au lieu d'une «Vittel». Lorsque vous tenez à payer sans qu'il y ait bagarre préalable, éclipsez-vous discrètement (sous prétexte d'aller vous laver les mains) et réglez rapidement la note à la caisse (voilà une bonne occasion de l'éplucher si vous y tenez). Évitez les commentaires sur le montant. Les réflexions «*Ils ne s'embêtent pas... C'est vraiment pas cher pour ce qu'on a pris*» sont gênantes. Vous, Monsieur, évitez les manifestations de familiarité avec les vendeuses de cigarettes ou les demoiselles du vestiaire.

L'invitation. Si vous êtes invité et que c'est la société de votre hôte qui paye, remerciez chaleureusement, sous peine de laisser penser que vous tenez les entreprises pour des « vaches à lait ». De même, si vous invitez, ne ricanez pas grossièrement en disant : « c'est la société qui paye ».

Les pourboires. Si vous devez donner des pourboires, faites-le discrètement ; vous n'êtes ni producteur de cinéma, ni milliardaire texan. En revanche, ne rien laisser du tout est très pingre.

Propos de table

Se tenir : parler la bouche pleine et mâcher bruyamment sont deux mauvaises habitudes que l'on combat chez les enfants et qui se retrouvent à tout âge ! Ne nous attardons pas sur ce thème, sinon pour déplorer que la tenue à table laisse encore trop à désirer et souffre de la décontraction ambiante. On voit des convives qui se balancent sur leur chaise, s'étalent sur la table, jouent avec tout ce qu'ils trouvent (mie de pain, étiquettes de bouteilles, serviettes en papier…), posent fourchettes et couteaux bien écartés (à la perpendiculaire de l'assiette au lieu de les laisser parallèles dans l'assiette) ou bien les manches dirigés vers vous. Au passage, évitez de saucer copieusement (de quoi manquer une affaire si par hasard votre invité est Anglais), et si la négociation s'annonce subtile, évitez la salade à grandes feuilles !

Les usages : le déroulement de la conversation doit traditionnellement faire l'objet d'un crescendo identique à celui du menu. Bien que les temps aient changé et que l'accélération du rythme des emplois du temps l'ait balayée, la tradition est de ne pas aborder l'objet du déjeuner avant le dessert. Le *« café serré avec l'addition s'il vous plaît! »* a détrôné le dessert. Il convient donc de bousculer le plan de la négociation, faute de quoi il faudra se quitter sur le trottoir, à l'issue d'un déjeuner devenu sans objet, sur la promesse : *« On s'appelle et on en parle. »*

La façon d'aborder les choses est variable selon les pays et les coutumes, mais en France elle est fonction de l'heure et du type de repas pris en commun.

Au petit-déjeuner, n'hésitez pas à attaquer d'emblée votre sujet. Il est convenu que l'heure est au travail, en conséquence, vous ne manquerez pas de convivialité en sortant votre dossier sur les miettes de croissant. S'il y a bien un moment où l'on ne doit pas être en retard, c'est celui-là. L'équilibre de la commande est subtil : ne dévorez pas mais essayez de ne pas vous contenter seulement d'un café...

Comment se comporter ?

✓ La « puissance invitante » (l'expression veut tout dire!) passe en premier. Si c'est une femme, l'homme la précèdera toujours sauf dans l'embrasure d'une porte qu'il tiendra pour elle.

✓ Laissez choisir la table à votre invité et une fois assis, c'est lui qui doit se saisir de la carte en premier.

✓ Lorsque le maître d'hôtel vient prendre la commande, c'est celui qui invite qui prend la parole en premier et qui demande à son invité ce qu'il a choisi. Si c'est une femme qui invite, elle prendra le rôle de l'homme mais se « laissant guider pour les vins » (formule consacrée!).

✓ Essayez d'avoir un minimum de culture vinicole, cela fait partie de la bonne tradition française que de savoir choisir un vin.

✓ Si vous êtes pressé(e) (au déjeuner), indiquez d'emblée, en vous excusant, à votre hôte et au garçon vos contraintes horaires.

✓ Ne parlez pas trop fort (gênant) et ne chuchotez pas (ridicule).

✓ Ne regardez pas sans arrêt s'il y a quelqu'un que vous connaissez.

✓ Ne faites pas de commentaires sur les tables voisines.

✓ Pas de grand geste d'amitié à un copain au fond de la salle.

✓ La discrétion, souhaitable pour tout le monde, va parfois à l'encontre de ce que vous pouvez estimer être de la convivialité. Vous ne devez avoir d'yeux que pour celui qui vous invite ou que vous invitez.

✓ Ne regardez pas (trop) votre montre ! *Ma grand-mère, lorsque j'ai eu 16 ans, m'initia avec solennité au fait qu'une femme ne devait jamais porter de montre le soir. Le fait d'en porter une, m'expliqua-t-elle, signifie que tu ne fais pas confiance au jeune homme qui t'accompagne pour te reconduire à une heure décente ! Pire, en portant une montre, tu pourrais regarder l'heure et ainsi lui laisser penser que tu t'ennuies... Je me prends à me laisser bercer par la nostalgie...*

✓ La même grand-mère m'interdisait de m'appuyer au dossier de ma chaise (ne parlons donc pas de tous ceux qui sont couchés sur leurs assiettes !).

Savoir
gérer une réception

Si vous l'organisez

L'heure : ne la fixez pas au moment d'un repas. Le fait d'appeler la réception «cocktail» ne vous fera pas pardonner le buffet vide au bout d'un quart d'heure. L'entreprise qui reçoit doit être en mesure de nourrir ses invités si elle invite aux heures des repas.

Se faire annoncer : dans certaines réunions sélectives, retrouvez le charme des «aboyeurs»; il permet à tout le monde de repérer «qui est qui», et l'hôte aura au moins le bénéfice de rencontrer ses invités, ce qui n'est plus que rarement le cas.

Où? Ne voyez pas trop petit : les salons enfumés où l'on s'écrase ne sont pas synonymes de succès, c'est manquer de considération envers ceux que vous avez conviés (ne voyez pas trop grand non plus).

Informez! N'ayez pas peur de marquer l'aspect professionnel de la réunion. À force de vouloir paraître désintéressé, on ne sait plus chez qui l'on mâchouille les petits-fours et pour quel motif. Si le cocktail se double d'une manifestation (projection, discours...), joignez un programme au carton, quelques lignes suffiront.

En interne : mêlez le maximum de membres de l'entreprise à la manifestation avec un *briefing* préalable qui les incitera à se mêler aux invités, à les aborder et à se faire reconnaître. Rien de plus ridicule que ces groupes qui se forment pour finir par ressembler à des équipes de foot : invités d'un côté et encadrement d'une entreprise de l'autre. N'oubliez pas que si vous vous devez d'abord à vos invités, la communication interne est également une marque de politesse envers vos collaborateurs. Ils doivent sinon participer, du moins être avertis de ce qui se passe. Enfin, s'il est convié, le personnel aura droit au même traitement que les invités et non à une «sous-réception» comme c'est parfois le cas.

Les invités : pointez les invités à l'arrivée, mais laissez-leur le carton d'invitation en souvenir (ils n'apprécient pas toujours qu'on le leur confisque). Évitez les invitations à tiroir : coupon bleu si on est invité au dîner, rouge si on a accès à un buffet d'honneur, etc. C'est extrêmement désobligeant pour l'invité «de base» qui ne fait pas partie des VIP.

Et si vous êtes invité(e)

La réponse : c'est un simple cocktail, mais même si vous en avez trois ou quatre par semaine, prenez la peine de répondre et ne dites pas oui, alors que vous avez la ferme intention de ne pas y aller.

L'arrivée : soignez votre arrivée en vous présentant à une heure décente; de 18 heures à 20 heures ne veut pas dire qu'il faille arriver à 20 h 30. Ne franchissez pas le seuil de la porte, l'air hautain, en cherchant le personnage intéressant que vous pouvez bien connaître; consacrez tout de même quelques minutes à chercher qui reçoit et à saluer ceux qui organisent.

Le look : «tenue de ville» ne signifie pas une tenue de fin de journée après un dur labeur. Les *jeans* ou les cols roulés ne sont pas considérés comme étant des tenues de ville. La cravate sera de rigueur et un soupçon d'élégance sera le bienvenu.

Le buffet : si vous avez vraiment faim, demandez une assiette. Remplissez-la, assumez le regard du maître d'hôtel et dégagez les abords du buffet.

La courtoisie : lorsque vous vous entretenez avec quelqu'un (même si c'est un raseur), regardez-le dans les yeux et feignez de vous intéresser un minimum à ce qu'il dit au lieu de balayer les environs du regard dans l'espoir de trouver un interlocuteur plus digne d'intérêt. Adoptez l'attitude des Américains et de beaucoup d'autres en vous présentant d'emblée et pas seulement à ceux que vous ne connaissez pas; rappelez également qui vous êtes à de vagues relations professionnelles qui ne sont peut-être pas dotées de votre mémoire. Oubliez la phrase goguenarde et éculée : «*Je suis sûr(e) que vous ne vous souvenez pas de moi?*» Ayez pitié, en règle générale, de la mémoire des autres. Dans des cercles professionnels où l'on circule beaucoup, il est terriblement stressant d'essayer en permanence de mettre un nom sur un visage que l'on a déjà aperçu. En toutes circonstances, la courtoisie consistera donc à rafraîchir la mémoire de vos interlocuteurs. Pliez-vous aux coutumes de la puissance invitante : signez les livres d'or, suivez la queue pour féliciter les héros de la fête, ne rentrez pas à l'anglaise pour filer de la même façon.

Un peu de pudeur : ne sautez pas sur le premier venu en lui confiant que vous ne connaissez personne et en le harcelant de questions, il s'agit peut-être du directeur général. Prenez la résolution de renoncer aux «ragots». Le cocktail est un lieu fort tentant pour ce type de commentaires, mais ils nuisent avant tout à ceux qui les colportent. Ne parlez pas avec assurance de personnes que vous ne connaissez pas. Combien de fois subit-on un quart d'heure de commentaires péremptoires sur un tiers pour entendre en conclusion : «*Personnellement, je ne le connais pas, mais...*»

Tourner sa langue... : ne lancez pas en l'air, sous l'effet de l'excitation, des promesses que vous ne tiendrez pas : «*Je le connais très bien, je lui parlerai de vous... Je vous enverrai le livre demain matin... Appelez-moi cher ami...*» Vous ne le prendrez jamais au téléphone!

... Et remercier? Mais oui! Pour «un simple cocktail», il est bienvenu d'envoyer un petit mail disant que l'on a apprécié (l'avantage c'est que vous serez à peu près le seul et que c'est vous que l'on appréciera).

Savoir déjouer
les pièges du pouvoir

« Les bonnes manières précèdent les bonnes actions. »

André COMTE-SPONVILLE

Nous avons tous dans notre entourage de ces êtres détestables qui vous tournent le dos lorsqu'ils se sentent en position de force et qui vous «collent» lorsqu'ils ont besoin d'un interlocuteur ou d'un public. Le snobisme est bien souvent l'antichambre de la grossièreté et, dans ce vaste champ de la mondanité, nous côtoyons le pire en matière de mauvaise éducation. Les professionnels des tractations communico-mondaines sont bien souvent ceux à qui l'on peut faire le plus de reproches. Ainsi, pourquoi certains responsables de la communication d'une entreprise ou des relations publiques sont-ils par exemple les plus difficiles d'accès? Pour entrer en relation avec eux, il faut appartenir à la catégorie de ceux qui peuvent leur être utiles, de ceux qui, selon de mystérieux critères, leur semblent importants.

Bien se comporter professionnellement nécessite d'avoir une juste perception du métier que l'on exerce et de ce qu'il implique et représente aux yeux des autres.

Les importants (pour qui se prennent-ils?)

Inaccessibles. Leurs secrétaires sont dressées comme des cerbères : sans sésame, vous ne passerez pas le barrage et elles en sont fières. Ils ne répondent pas à vos invitations, submergés qu'ils sont par les cartons, ou bien, ils répondent oui à tout et ne viendront jamais.

Condescendants. Ils sauront vous signifier la chance que vous avez de vous entretenir avec eux pendant les quelques instants qu'ils vous accordent : «*Je vous écoute...*», lancent-ils. Ils ne diront rien d'autre. Ils arrivent très en retard et repartent avant tout le monde, mâchoires crispées, poignées de main distribuées à la chaîne, regard survolant le troupeau et le sourire absent. En toutes circonstances, ils ne remercient jamais personne. Tout leur est dû. Ils demanderont des passe-droits et des invitations, sans vergogne, convaincus que leur sollicitation est une marque d'intérêt dont vous ne pouvez qu'être flatté. À propos des services qu'on leur rend, ils demeurent amnésiques mais sauront rappeler publiquement ceux qu'ils vous ont rendus. Ils n'hésiteront pas à travestir devant vous la vérité pour le plaisir de rendre plus savoureuse une anecdote dont vous avez pourtant été le principal témoin.

Le rendez-vous avec une personne «importante»

Si vous êtes en position de force, n'en profitez pas et soyez encore plus courtois et attentionné. Avez-vous pensé que votre interlocuteur joue quelque chose d'important pour lui? Votre niveau de courtoisie ne doit pas dépendre du niveau hiérarchique de votre interlocuteur. N'abusez pas de votre position dominante! L'abus de pouvoir n'est pas seulement une faute juridique mais un trait de caractère inadmissible. Ce n'est pas parce que vous êtes le client que vous êtes obligé d'infliger à votre fournisseur votre humeur, vos caprices et vos opinions péremptoires. Il y a toujours un «petit chef» qui sommeille et, au-delà du trait de caractère, il s'agit surtout d'un manque de classe. L'âge doit inspirer une certaine courtoisie. Si vous êtes hiérarchiquement en-dessous de votre interlocuteur, pas de flagornerie!

Chefs, donnez l'exemple!

Le savoir-vivre ne doit pas être réservé à des situations exceptionnelles ou extérieures à la vie quotidienne au bureau; il doit conditionner notre attitude de chaque instant. Être le «chef», en soi, c'est tout un programme. Le pouvoir hiérarchique monte à la tête aussi vite que le champagne. Dans ce cas précis, rien de tel qu'une promotion pour transformer un être civilisé en «grande gueule rudoyante». Ce n'est pas pour rien qu'existe l'expression «petit chef», une formule dictée par les attitudes du personnage, et non en raison de l'étendue de son pouvoir. Un grand patron peut très bien se comporter en petit chef. Exquis avec ses clients et ses relations, il peut avoir la réputation inverse auprès de ses collaborateurs ou de ses fournisseurs.

Le petit chef entre brusquement dans un bureau en lançant quelques mots aussi brefs que secs sans prêter aucune attention au visiteur présent dans la pièce. Il joue au «boss sympa» en s'asseyant sur les bureaux avec deux ou trois

27

blagues à la bouche; sous-entendu : « *C'est moi qui organise les récrés!* » Il pénètre dans le bureau d'un collaborateur (absent ou non) et s'assoit à sa place, signifiant ainsi, grossièrement, qu'il a pris possession des lieux. Il saisit distraitement un objet sur le bureau d'un collaborateur, joue avec et fouille énergiquement dans les paperasses des autres. Il fait des remontrances à un collaborateur en présence d'un tiers qui n'appartient pas à l'entreprise (mieux vaut régler les comptes en tête-à-tête, à moins que cela ne fasse partie d'une tactique de dynamique de groupe). Il «engueule» un salarié devant un client ou un fournisseur. Ce qui nuit autant à l'entreprise qu'au coupable. Il est fréquent qu'il prenne une collaboratrice pour une serveuse de bar-restaurant sous prétexte qu'il s'agit d'une femme. Enfin, il jouit de son pouvoir en toutes circonstances et martyrise, en particulier, ses fournisseurs et ceux qui dépendent de lui.

Vous emmenez un junior ou un collaborateur sous vos ordres en rendez-vous : mettez-le en valeur et ne jouez pas au «dominant», même si vous avez peur qu'il ne fasse une gaffe. Laissez-le s'exprimer en le mettant en confiance. Rien de plus discourtois que de signifier son pouvoir hiérarchique et de jouer à l'esclavagiste ou au maître qui condescend à emmener un subalterne avec lui.

L'homo politicus

Ce tour d'horizon des cuistres ne serait pas complet si l'on oubliait certains de nos élus. Chaque milieu professionnel a ses moutons noirs, mais il faut bien admettre qu'il en est où la concentration est plus forte, et le monde politique est de ceux-là.

Les élus : évidemment, ces malheureux séducteurs des urnes ont toutes les excuses valables, et nous devons faire preuve d'indulgence à leur égard ; sollicités, adulés, oubliés, méprisés, ils sont soumis en permanence au dur régime de la douche écossaise. Toutefois, autorisons-nous quelques conseils (ils présentent même un intérêt électoral).

Vous, mesdames et messieurs les « politiques » :

✓ Faites donc preuve d'un minimum d'attention lorsque vous échangez quelques mots avec un concitoyen.

✓ Ne jouez pas les courants d'air permanents en franchissant les journées comme on saute un *steeple-chase*.

✓ Le « savoir être-à-l'heure » est valable aussi pour un ministre.

✓ Ne vous croyez pas à « l'heure de vérité » lorsqu'on vous pose une question. Répondez sans faire un *meeting !*

✓ Abandonnez cette maudite langue de bois qui est l'impolitesse majeure de toute la classe politique française envers sa clientèle. Elle est la manifestation du mépris et le symbole d'une mystification grossière, même lorsque ce n'est pas le cas.

✓ Marquez un peu de considération réelle envers vos collaborateurs.

✓ Conservez cette modestie qui vous permettra de ne pas vous caricaturer vous-même, en jouant au ministre ! (au député, au sénateur, etc.)

✓ Écartez les flagorneurs car, très vite, vous ne vous apercevrez plus qu'ils le sont.

✓ Lorsque vous inaugurez les chrysanthèmes (même si cela vous ennuie), ne demandez pas à votre chef de cabinet où vous êtes.

29

✓ Ne vous décommandez pas sans vergogne, décevant sans état d'âme tous ceux qui ont organisé une manifestation autour de vous.

✓ Vous êtes au service de l'État ! Pensez-y lorsque vous vous comportez comme si la terre entière était la vôtre.

Et nous, humbles citoyens, essayons de respecter quelques règles de base qui aideront nos élus à rester simples et courtois :

✓ Lorsque vous avez la chance d'en croiser un, présentez-vous toujours et immédiatement (nom, prénom, lieu de dernière rencontre…). Un homme politique n'est pas un ordinateur, et le nombre de gens qu'il voit nécessiterait qu'il le soit.

✓ Ne bousculez pas tout le monde pour l'approcher.

✓ N'entraînez pas le malheureux dans un coin pour lui exposer votre cas qui a quatre-vingt-dix chances sur cent d'être extrêmement banal. Contentez-vous d'annoncer une lettre ou demandez-lui à qui vous adresser.

✓ Ayez la pudeur de vos opinions, vous n'êtes pas journaliste à « 100 minutes pour convaincre ».

✓ Ne prenez pas l'assistance à témoin pour vous faire remarquer.

✓ N'apportez la contradiction que lorsque les circonstances vous y autorisent (campagne électorale, réunions spéciales…).

✓ Ne colportez pas de « on-dit » alors qu'il vient tout juste de quitter la pièce. Ne faites pas publiquement de sous-entendus.

✓ Ayez conscience que le temps, pour un homme politique, est ce qu'il y a de plus précieux. Respectez donc le sien et ne le contraignez pas à écourter brutalement des entretiens.

✓ N'imposez pas votre présence en vous incrustant pour lui parler alors qu'il est en pleine discussion avec quelqu'un d'autre.

Galerie de portraits

Il n'est pas de savoir-vivre sans savoir être. Le savoir être est l'harmonie qui préside à toutes nos attitudes. Ce que l'on appelait « l'honnête homme » correspond avant tout à une recherche d'équilibre à la fois culturel, moral et social. Trouver l'harmonie intérieure est aujourd'hui le socle sur lequel se bâtit notre rapport à l'autre. C'est ce qui nous permet de résister à un siècle de pressions, de tensions et de sollicitations.

Lorsque tout est fait pour agir dans l'instant, pour consommer sans restrictions, pour dire, en temps réel, ce que l'on a envie de dire à n'importe qui et n'importe où, il faut reconstruire une hygiène de vie personnelle et sociale; c'est la rencontre du savoir être et du savoir-vivre, un équilibre nouveau à trouver, en particulier sur les lieux de travail.

Ces quelques portraits sont destinés à faire prendre conscience que le savoir-vivre est avant tout une attitude dans la vie. Vous les reconnaîtrez, ils font partie de notre entourage. À moins qu'il ne s'agisse de vous-même?

Le bosseur drogué

«La peur de l'ennui est la seule excuse du travail», disait Jules Renard. On ne devrait pas le montrer du doigt, ni lui en vouloir, pourtant, ce que l'on retient de cet acharné c'est son égocentrisme et son incapacité à hiérarchiser. Ses motivations sont diverses, mais en général, il veut réussir et surtout ne fait confiance à personne. Déléguer équivaut pour lui à déserter; or, c'est un guerrier. Il fait la guerre au temps : il relève des défis que l'on ne lui demande pas de relever, doit être le premier au bureau et y revenir après-dîner. Il sacrifie tout à son aliénation volontariste. Il commencera à se poser des questions lorsque son neveu de neuf ans lui dira «bonjour monsieur» le seul soir de l'année où il rentrera à 8 heures... Sa femme est prévenue, elle passe après. Toute révolte de sa part sera vécue comme une intolérance, d'autant qu'elle n'a pas à se plaindre, il l'entretient avec largesse (quand aurait-il, lui, le temps de dépenser son argent?). Quand il croit être amoureux, ses efforts pour se rendre disponible sont admirables (pendant 8 jours). Le rendez-vous au salon de thé près de son bureau entre 16 h 45 et 17 h 50 sera intense, mais attention aux symptômes suivants :

- Il tâte le vibreur de son portable à travers la poche de son veston.
- Son regard erre de table en table dans l'espoir fou de trouver un client qui l'obligerait à repartir.
- Il tire un peu la manche de sa chemise pour vous cacher qu'il regarde l'heure. Mais il vous aime, n'en doutez pas, et dès qu'il est avec vous, il n'a qu'une hâte, c'est de vous fixer un nouveau rendez-vous entre 20 h 15 et 21 h 50 (il faut bien se nourrir).

- Quand il (ou elle) vous emmène en week-end, sachez qu'il y a une conférence à la clé; le reste du temps, il se cultivera au pas de course suivant une trajectoire minutée dont il ne déviera pas.
- Il compense son indisponibilité par un empressement marqué, vous arrachant des mains tout ce que vous pouvez faire seule. Il vous servira une tasse de café, hélera un taxi à votre place, empoignera votre valise, voire votre sac à main. Il faut qu'il comble chaque minute de la vie qui s'écoule.
- Il ne sait pas vivre : personne n'a de place dans sa vie. Vous avez résisté et vous vivez avec lui ? Débrouillez-vous pour être sa «cliente», c'est votre seule chance pour qu'il conserve quelque intérêt pour vous.
- Lorsqu'il répondra à son portable sur l'oreiller, épousez son concurrent!

Le travail est sa drogue : si vous le lui supprimez, il somatise et consulte aux urgences de l'hôpital (forcément, il ne va pas traîner dans une salle d'attente).

Le frimeur

Le frimeur est le plus exaspérant d'entre tous. L'after-shave provoquant, le nez au vent et le menton en éclaireur, il est à ce point rodé qu'en dix minutes vous savez tout sur ses responsabilités et par là même sur son talent. En fait, c'est lui qui dirige l'entreprise. Son boss n'est qu'une potiche et il préfère être au second plan pour des raisons qu'il ne peut vous livrer (on lui en sait gré!). Vous aurez un mal fou à capter son attention car il ne prête de réel intérêt qu'à son propre discours. Au moment où vous rassemblez toute votre énergie pour enfin prendre la parole, il se lève pour partir en vous assurant avec conviction du plaisir qu'il a pris à vous écouter.

L'indécis

L'indécis n'est pas d'un abord professionnel beaucoup plus facile. Il bénéficie de l'aura du professionnel laborieux. Il ne prend pas de décision à la hâte et, selon lui, chaque point mérite un «petit approfondissement» et qu'«on se revoit». Vous êtes tout d'abord enchanté(e) qu'il prenne des notes lorsque vous parlez, mais votre inquiétude commence à poindre lorsque vous remarquez qu'il écrit toujours dix minutes après que vous vous êtes tu(e). S'il vous consulte, il ne vous cache pas qu'il a déjà vu huit de vos confrères et qu'il lui en reste six à recevoir. Il doit prendre sa décision très vite (dans six mois), mais pense que d'ici là il aura fait le point. En interne, rien n'avance, il n'affronte rien ni personne, sa lâcheté devient grossièreté.

L'obsessionnel

L'obsessionnel présente des points communs avec l'angoissé, à ceci près qu'il ne s'attache pas aux résultats eux-mêmes. Qu'il réussisse ou non, le plaisir de l'obsessionnel est dans la thématique elle-même. Il est généralement ennuyeux au point qu'on le confond avec les meubles et que pour un peu on l'oublierait. Il est chargé de la comptabilité? Alors tout pour lui sera objet de comptes. Il murmure devant chaque prix, griffonne sans cesse, calcule à mi-voix; il divise, soustrait, multiplie. Tout est bon, il chronomètre sa fille à vélo, fait un tableau comparatif des notes de supermarché et, en conduisant, peut vous dire combien il consomme d'essence à la vitesse à laquelle il roule. Il calcule ses points de retraite, recompte l'addition, mesure l'avancement de ses collègues. C'est sa perception de la valeur des choses et des êtres...

Le parano

Le parano manifeste son anxiété d'une tout autre façon : il a peu de pouvoir sur les événements et il en convient haut et fort. «On» lui en veut. Bien que sa carrière ait été freinée dès le départ par l'ancien beau-frère de son cousin, il ne se laisse pas décourager et lutte contre le gigantesque réseau d'espionnage dont il est la proie. Les plis doivent être remis «en main propre», chaque enveloppe est bardée des mentions «confidentiel» ou «personnel», et son attaché-case est fortement serré entre ses genoux. Si par malheur vous êtes dans un lieu public avec lui, il vous faudra quasiment vous coucher sur la table pour saisir quelques bribes de ses chuchotements sur l'avenir des ordinateurs (le maître d'hôtel pourrait bien être un ancien de chez IBM). Il vous témoignera personnellement et résolument son manque de confiance et vous soupçonnera ouvertement sans prendre de gants.

Le combinard ou *business plouc* par excellence

Il est la bête noire des services comptables car il lui est impossible de payer normalement une facture. C'est le roi

35

des échanges marchandises et des dessous-de-table. Votre devis passera si vous lui proposez d'aller en discuter trois jours à Marrakech. En attendant, il piste les délits d'initiés et ne s'explique toujours pas pourquoi leurs auteurs vont en taule au lieu d'obtenir une promotion. Le combinard tombe des nues à la simple évocation du sens de l'éthique. Cette race en voie de développement est en passe de s'étendre à une génération entière pour qui la morale consiste à obtenir « gratos » ce que les « ringards » vous facturent. Allez donc leur parler de savoir-vivre…

Le globe-trotter

Il a remplacé le VRP, il bouffe des kilomètres. Vous ne l'apercevez que descendant d'un avion ou montant dans un train. Il savoure à haute voix les décalages horaires qu'il a « dans les pattes », ou bien ses trajets en voiture. Son visage extasié témoigne du plaisir qu'il éprouve à évoquer cette vie de chien. Sa vie de famille est inexistante, avoue-t-il l'œil vif ; cela dit, il a réussi à faire escale à Paris pour la naissance de son dernier enfant (vous n'osez pas lui demander où il était neuf mois auparavant). Il vous raconte avec générosité la façon dont il s'y prend pour envoyer des mails en avion. Son portable est étanche (pour son bain), et quant au problème qui vous préoccupe tous deux, il vous en reparlera dans deux heures au téléphone… de Londres. Cette errance professionnelle permanente lui permettra, en toute impunité, d'arriver en retard partout (déjà bien qu'il soit là !), de jargonner dans un dialecte international. Ses décalages horaires lui servent d'alibi pour bâiller ouvertement pendant que vous lui parlez. Il ignore les règles élémentaires du savoir-vivre local ; à force de n'être nulle part, il a pris les mauvaises habitudes de partout.

Le cancrelat

Le cancrelat, lui, ne connaît pas cet épanouissement du kilomètre lancé car il cumule les distances maximales dans l'ombre des couloirs. Comme tous ceux de sa race, il se reproduit beaucoup; fonctionnaire par goût, il ne craint cependant pas le privé où il imposera son état d'esprit. Son ambition s'arrête au comité d'entreprise et son admiration va à l'institution, au mépris de l'individu. Le cancrelat se cache derrière les « on » et les « nous » qui le protègent de toute implication. Sa modestie n'est que démission et sa prudence n'est que lâcheté. Il fait en permanence référence à ses chefs absents et vous regarde à peine. Si par hasard vous traitez avec lui, il faudra vous déplacer; il vous recevra le dos voûté à souhait et le bureau coincé contre une armoire métallique. Vous ne saurez jamais le poste qu'il occupe vraiment et quel est son pouvoir de décision. Pour éviter de se mouiller, il est prêt à toutes les vicissitudes. Son manque de considération pour tout autre que son supérieur lui dicte les attitudes les moins délicates. Une race apparemment inoffensive à qui la volupté d'obéir tient lieu de jugement et qui s'autorise à manquer d'égard envers tous ceux qui ne portent pas de galons. Son rêve : être « salarié protégé ».

Le planqué

Il manifeste également beaucoup de reconnaissance à l'égard de son entreprise, dont la principale qualité, à ses yeux, est de le payer à ne presque rien faire. Proche du «pistonné», il est d'un bon naturel et de commerce agréable. Jouisseur de l'entreprise, il a orienté ses motivations vers le profit personnel. Travailler avec lui est très confortable; il fixe généralement ses rendez-vous à l'heure des repas dans d'excellents endroits; avec lui, pas de hâte excessive au moment du café, «*on a tout le temps*». Les séminaires sont sa spécialité : en hiver à Courchevel, au printemps dans le Midi et hors saison dans des capitales qui ne lui sont pas étrangères.

Son calendrier est barré de façon impressionnante. «*Ce sont les ponts*», explique-t-il soucieux et, pour plus de sécurité, il se réserve huit jours avant et huit jours après. Hier encore, il a refusé un poste à responsabilité. Il n'aurait plus le temps de vivre! Sans pudeur, il passera son temps à négocier des justificatifs, s'éternisant à la caisse et dictant consciencieusement à une vendeuse complaisante l'intitulé qu'il veut voir figurer sur la facture. Chez lui, la rubrique «fournitures de bureau» va des piles de rechange de son rasoir au dernier «Goncourt» pour sa femme. Il vit «sur la bête» et s'en vante; si vous dînez chez lui, sachez que la salade est remboursée par sa société. D'ailleurs, il vous le dira, inconscient de la gêne qu'il provoque, sûr d'être sur la bonne voie. Il est «le nouveau riche» de l'entreprise.

L'opportuniste

Dieu qu'il est sympathique (au bon moment!). Dans sa carrière, rien n'est laissé au hasard. Il sait privilégier l'intuition et reconnaître la légitimité de l'autorité. Il ignore ce que fidélité veut dire, car son seul mot d'ordre est «*le roi est mort, vive le roi*». Il ignore la politique et cependant en fait toute la journée. À force de retourner sa veste, il devient lui-même réversible. Caméléon de couloir, il vous ignorera demain s'il a connaissance de votre prochaine disgrâce. Humble sous-fifre ou PDG, son attitude diffère peu car les grades n'ont pas de prise sur son comportement que seul le pouvoir en place peut déterminer. Si vous avez la chance de pouvoir observer ces caméléons en période de mue, vous verrez comment le processus évolue avec ses phases, ses froideurs, ses trous de mémoire et jusqu'à l'aphasie finale manifestée envers les partants. Mais l'opportuniste connaît parfois des passages difficiles, notamment quand l'entreprise change de direction. Notre homme rivalisera alors d'amabilité avec tout le monde, chuchotant sa fidélité à tous les candidats au pouvoir.

Quand il aura changé de bord, il ne vous serrera plus la main, les bras malencontreusement encombrés de dossiers qu'il installera dans vos placards pour rendre service à votre successeur. Quarante-huit heures après, il présente des troubles de la vue (il vous distingue à peine), et puis c'est l'amnésie (il ne vous reconnaît plus). La mort s'ensuivra, pas la sienne, la vôtre! Lâcheté ou incorrection? La première ne va jamais sans les manifestations de la seconde.

Le rond-de-cuir

Les fautes d'éducation du fonctionnaire sont d'un tout autre ordre; elles sont provoquées par la conscience qu'il a de sa «permanence professionnelle», nous parlons bien sûr de la sécurité de l'emploi dont il bénéficie et non pas, on l'a bien compris, du temps qu'il passe à assurer ses fonctions. Vous ne trouverez pas plus égalitariste que lui car, à ses yeux, enfants, femmes enceintes, vieillards ou cadres dynamiques doivent bénéficier d'un même traitement : la file d'attente. Il la contemple sans satisfaction particulière mais simplement comme une des composantes essentielles de sa mission quotidienne. Son manque de zèle uniformément dispensé frôle à chaque instant l'insulte implicite. S'il vous adresse la parole, il ne vous regarde pas : ce serait marquer de la considération pour autrui (or, il n'en a pas). Votre discours n'éveillera pas son intérêt et il n'aura de cesse de vous répondre par une alternative : «*Prenez un formulaire!*» ou bien «*Je ne suis pas là pour ça.*»

Il n'est pas incorrect dans ses propos, mais son manque d'implication s'assimile à du mépris. Il considère qu'il est le mandataire d'une autorité régalienne et que face à lui vous n'êtes qu'un quémandeur, ce qu'il tient à vous faire savoir. Il ne fixe pas de rendez-vous, il convoque. Il ne s'excuse jamais car il n'est pas responsable. Il ne remercie pas puisque l'État ne le lui a jamais appris. Il est à votre service sans le savoir. Quand il n'est pas content, il fait grève... L'État, c'est lui.

Le «speedé»

Dernier produit de la mondialisation, le speedé a envahi nos bureaux, nos vies et nos écrans. Curieusement, c'est la Bourse qui lui a conféré ses lettres de noblesse. C'est peut-être en *trader* ou en *golden boy* qu'il s'éclatera le plus. Idéal des jeunes, il a le prestige des romantiques du siècle dernier; il ne mourra pas de phtisie ou de langueur, mais d'un infarctus ou d'un abus de coke. Ce n'est pas grave car, tels les héros marqués par le destin, il court la main sur le cœur pour en maîtriser les battements désordonnés, conscient de jouer sa santé et peut-être sa vie au nom de la sainte consommation et d'un système monétaire déifié.

Son incessante activité vous culpabilise et vous plonge, au bout de cinq minutes, dans les affres d'une fébrilité impuissante, avec l'impression d'être un mort vivant au pays des eldorados sur écran. Il court, crie, s'agite, piétine (les autres), sacrifie tout et tous sur l'autel des plus-values. Il ne manifeste d'égards pour personne, trop soucieux de chaque minute qui passe et qui lui fait perdre de l'argent. Il ne dépense pas, il «claque» (ça va plus vite). Quand il se lève au milieu d'un déjeuner pour courir passer un coup de fil (et éventuellement ne jamais revenir), on l'admire presque de ne pas prévenir et de ne pas s'excuser. Comment cette admirable course à la réussite s'accommode-rait-elle des freins qu'impose le savoir-vivre?

Le plus que parfait

Trop poli pour être honnête. C'est un tueur, il en a le regard noir, implacable. Son ego lui tient lieu d'idéal. Il est

41

porteur de l'ambition de l'humanité; il fait d'ailleurs tout ce qu'il faut pour mériter la haute opinion qu'il a de lui-même. Il est au-dessus du commun des mortels mais ne les méprise pas pour autant. Son arme : «la courtoisie», celle qui désespère, qui étouffe, qui ne laisse rien au hasard. Il s'en sert pour mettre une infranchissable distance entre lui-même et l'autre : il virevolte, s'efface devant les portes, court ouvrir une portière, arrache le manteau que vous vouliez tranquillement enfiler. Il enfle son discours de «je vous en prie», «je n'en ferai rien», souhaite tout à tout le monde, tout le temps, «bonne après-midi», «bonne soirée»... y compris au portier du restaurant qui n'en demande pas tant. Courtois, exagérément courtois envers ceux qui l'accompagnent et qui l'entourent, il en fait trop. Voilà qui fera oublier, pense-t-il, ses propos cinglants et son manque d'attention réelle à autrui. En fait, on lui pardonne, car c'est de lui dont il a peur.

Le nouveau riche

Le nouveau riche existe dans tous les milieux. Le problème, c'est sa réussite : il ne s'en remet pas. De son propre aveu, «il s'est fait lui-même» (il aurait mieux fait de se faire aider). Il n'a de cesse que de vous raconter les étapes de son ascension, il prend à témoin son entourage en racontant pour la énième fois la conquête de son premier client. Pour illustrer son propos, il étale ses jouets qui vont de la grosse cylindrée à la villa de Saint-Tropez, en passant par son handicap au golf et la pêche au gros sur son bateau. Sa fortune n'a d'égale que son absence de générosité. Quand il invite, c'est pour son propre plaisir;

le luxe dont il vous fait profiter n'a d'autre objectif que le spectacle qu'il se donne à lui-même de sa propre fortune. Dans son entreprise, il négociera mieux que dans les souks le moindre centime d'augmentation de ses salariés. Il vous expliquera combien vous avez de la chance de gagner 30 % de plus que le SMIC en tirant sur son cigare (et il le pense!). Il se goinfre dès qu'il le peut en toute bonne conscience : stocks options ou golden en tous genres... vulgaire!

Le *big boss*

« Il n'entend pas ce qu'on lui dit à force d'écouter ce qu'il va dire », disait Henri de Régnier. C'est aussi un cuistre, mais l'argent compte moins que sa carrière. Il est encore ébloui d'être sorti de l'ENA, de Polytechnique ou de la cuisse de Jupiter. Le sentiment d'être une élite ne le quittera jamais. Rien ni personne ne le fera dévier de sa propre valeur ; la condescendance résume ses rapports humains. S'il daigne vous recevoir, il s'ennuie beaucoup avec quelqu'un de votre niveau et vous le fait sentir. Il a tellement confiance en lui qu'il peut faire confiance à son entourage professionnel : il l'a choisi, et il ne peut pas se tromper. Son grand moment de gloire : le jour où il sera décoré de la Légion d'honneur ou de l'Ordre national du Mérite (au pire). À cette occasion, un de ses pairs dira tout haut tout le bien que lui-même pense de lui-même. Il aura l'occasion d'en rajouter dans son discours de réponse devant un auditoire à son image, avec une fausse modestie qui atteint des sommets de prétention et de narcissisme. Son intelligence formatée l'empêche même de penser, il ne fait que raisonner. Il ruinera des empires avec certitude, distribuera bons et mauvais points avec componction. Il est à l'abri de tout et de tous : on lui a appris à ne surtout pas se remettre en question. Quel que soit son niveau d'éducation et le savoir-vivre artificiel caricatural de son milieu, il est vulgaire de suffisance et enflé de mépris.

Le branché

Il a la « cool » attitude du soir au matin, bureau, soirées, vie de tous les jours. Cela lui permet une désinvolture certainement sympathique mais qui glisse très vite vers le discourtois pénible ! L'absolue certitude d'être dans le vrai qui domine chez le branché fait passer tout ce qui relève des bons usages pour conservateur et bourgeois. Le ringardos est son ennemi de classe ; le branché, lui, détient la vérité nouvelle des rapports sociaux qui ne doivent pas s'encombrer d'habitudes pré-révolutionnaires à ses yeux.

Au nom de la cool attitude, pas question d'usages vestimentaires éculés : cravate au musée, il confond les vestes avec les blousons, les chaussures avec des baskets, et heureusement qu'il ne pense pas uniquement lorsqu'il se rase car il ne penserait pratiquement plus ! Son jeans est quasi greffé sur lui, c'est son uniforme de vie. Les journalistes sont les meilleurs en ce qui concerne la cool attitude, cela leur donne une sorte d'aura et finalement leur permet de rentrer partout, on n'ose pas les refouler : trop cools pour ne pas être accrédités ! Le branché est à l'aise partout, c'est son point fort ; d'ailleurs, il a pratiquement gagné puisque ce sont les endimanchés qui se sentent ridicules dans leurs

44

accoutrements passéistes. Il est infiniment plus gênant aujourd'hui d'être trop habillé que pas assez.

Le branché est chaleureux : il embrasse tout le monde, dès la deuxième fois qu'il rencontre quelqu'un (chez les moins de 20 ans, dès la première fois). Au bureau, idem. Il tutoie aussi facilement, on se demande même s'il sait que le vouvoiement a cour. Il fera une exception face à un client, mais du coup lui manifestera une grande indifférence. «Pas de concession» est son mot d'ordre. Toutefois, le branché a son code à lui, le seul qu'il connaisse ou reconnaisse; quelques tics de langage et le respect des marques, pas des marques de politesse, non : des marques de fringues cools!

Il vit par procuration, c'est-à-dire par SMS : de mystérieux interlocuteurs peuplent son monde tribal. Pour prendre congé, il ne connaît que deux termes : CIAO ou SALUT. Il émane du branché une sorte de noblesse sereine, on se croit dans le «meilleur des mondes» (celui d'Huxley!), c'est le genre d'individu qui peuple les films de science-fiction décrivant la fin de la civilisation. Professionnellement, il a trouvé sa place : il est dans le cinéma, dans les médias, artiste, écrivain, coursier ou en socio à la fac (il y restera 10 ans).

Savoir renoncer aux tics...
de « language »

« La politesse n'est qu'une gymnastique de l'expression. »

ALAIN

Le bien parler

« **Je me fais plaisir** » est une des nouvelles scories de la philosophie à la Star Ac : « du moment que je m'éclate, tout va bien ». Voilà qui justifie tout et n'exclu rien. On le ressent au bureau où le plaisir n'est pas forcément l'élément discriminant. À force de vouloir du « moi d'abord », on oublie le rapport à l'autre, et l'individualisme érigé en principe fait que « l'enfer, c'est les autres... ».

« **On va manger !** » : on ne « déjeune » plus, on ne « goûte » plus, on ne « dîne » plus... Quant à souper, n'en parlons plus. Désormais, on mange ! L'appauvrissement du vocabulaire reflète-t-il un comportement ? « Manger » devenant générique, on s'imagine facilement une vaste mangeoire internationale, à base de produits *packagés*, sans raffinement et sans convivialité. « *On va manger ensemble* » donne l'image de deux individus se nourrissant pour faire le plein de carburant, ni plus ni moins. L'univers de l'entreprise, grâce à ses repas d'affaires, va-t-il sauver un *distinguo* linguistique et culturel ?

«**J'aime pas trop**» est le tic de langage par excellence. Il a laminé l'étymologie grammaticale de la formule. «Trop», rappelons-le, est un adverbe comparatif et non un adjectif qualificatif, servant d'appréciation nuancée tout terrain. Le politiquement correct du rejet, comme quoi une faute de français peut réconcilier un peuple, est : «trop c'est trop!».

«**Y'a pas d'soucis**» : réjouissons-nous, les bureaux fleurissent de l'absence de soucis. Le souci ayant remplacé le problème et sachant qu'on ne dit plus «oui», on rétorque qu'il n'y a pas de problème et qu'on maîtrise le souci. Le *summum* de l'adhésion serait qu'un collaborateur vous dise : «*J'aime pas trop, mais y a pas de souci*». Ce qui signifie que, même si cela l'embête, il fera ce que vous lui demandez. Certes, il ne s'agit pas de décourager les bonnes volontés en masse, mais la richesse des nuances et de la langue permet d'exprimer plus, donc mieux. C'est à l'entreprise d'exiger une certaine «qualité» de l'expression… y compris dans les couloirs. La responsabilité de la publicité en la matière n'est plus à démontrer : sous prétexte de favoriser le consensus populaire et de capter l'ambiance de la rue, faut-il véhiculer fautes de français et de grammaire? De la même façon que le BVP (bureau de vérification de la publicité) est supposé empêcher les exploitations excessives (par exemple, du corps de la femme) censées faire mieux vendre, ne pourrait-il pas aussi surveiller les abus de langage? Un slogan, pour être talentueux, doit-il comprendre une faute de français et deux fautes d'orthographe? À quand un code éthique du bien parler de la pub? Jusqu'à quand la faute de français sera-t-elle estimée créative?

«**Au plaisir**» : à ne pas confondre avec le best-seller de Jean d'Ormesson, *Au plaisir de Dieu*. «Au plaisir» (sous-entendu de vous revoir) est une expression populaire qu'il convient d'éviter. Elle est, à tort ou à raison, considérée comme parfaitement vulgaire et classera irrémédiablement celui qui l'emploie. Préférez en partant : «*j'ai été ravi(e) de faire votre connaissance... ou ravi(e) de vous revoir*». Dans tous les cas, «*à bientôt j'espère*» suffira largement.

Les fautes de grammaire sont une entorse au savoir-vivre puisqu'il s'agit d'une faute envers l'esthétique de la langue. Attacher une importance particulière aux participes passés, bien les accorder vous classe parmi ceux qui savent maîtriser la langue et, en conséquence, son contenu et sa pensée. À force de communiquer, on ne sait plus parler; après s'être fait chair, le verbe s'est fait image. On assiste à la régression progressive d'un vocabulaire que l'on croit enrichir en psalmodiant les mots inscrits au palmarès du mois et des expressions technico-américaines. On prend un mot pour un autre, les adjectifs ne qualifient plus, les subjonctifs ont, sur le grand public, des effets comiques.

Les expressions. On évitera avec soin les mots paillassons et les tics de langage qui dénaturent et dévalorisent tout ce qui est dit. Les exemples sont nombreux : «*Je veux dire... Tu vois... C'est vrai... Faut voir... N'importe comment... Note que... Dans ma tête...*» Il faudra renoncer aux superlatifs laudatifs : «*super, hyper, extra, géant, méga, cool, trop, top...*» Lorsqu'on veut approfondir un concept, il suffit d'ajouter : «*quelque part...*». On évitera les surnoms, les diminutifs sympathiques et les petits mots tendres : les «chouchou», «mimi», «minouche», «pupuce» insipides. Si l'on tient à jurer, soit, mais alors, allez-y carrément. Tout, plutôt que les «zut», «mince» et «flûte», demi-mesures bien pires que la bonne franche vulgarité (entre être vulgaire ou ordinaire, il faut choisir).

Les effusions : dans les tics, on peut inclure la gestuelle. Ainsi, il est devenu habituel de s'embrasser tout le temps et en tout lieu. Ce sont les adolescents qui nous ont passé cette coutume certes chaleureuse mais pesante. On embrasse maintenant jusqu'aux inconnus que l'on vous présente. L'épidémie est moins répandue dans le milieu professionnel, mais elle s'étend. Est-il indispensable à l'entrée d'un colloque d'embrasser l'hôtesse d'accueil même si on la connaît bien ? Trop d'affection tue l'affectif. Aussi, revenons à des pulsions normales. Personne n'a vraiment envie d'embrasser quelqu'un qu'il ne connaît pas, alors pourquoi se forcer ? La coutume de l'embrassade généralisée a en plus ses propres codes : faut-il tendre une joue ? Deux, trois ou même quatre joues ? Si l'on ne pratique pas au même rythme, on se retrouve alors violemment projeté dans le vide d'une joue non offerte ou, au contraire, nous mettons en danger nos cervicales parce qu'on a oublié la troisième « bise ».

De désagréable, l'affaire vire au cauchemar lorsqu'on se retrouve dans une manifestation rassemblant beaucoup de monde. Au bout d'un quart d'heure, les femmes en particulier se retrouvent dévorées, secouées (et démaquillées!), tenues par les épaules et passées au suivant comme un ballon de rugby. Une chaleur communicative ? Ce n'est pas certain. Retrouvons la distance qui crée la rareté et rend les manifestations d'amitié vraiment chaleureuses. Le baiser est un art de vivre, pourquoi le galvauder ?

Le savoir-vivre techno : la nouvelle solitude de l'ubiquité

Le portable

Oui, nous sommes «accro», il est devenu le nouveau cordon ombilical sociétal... Mais l'indigestion est proche. La réglementation n'est pas loin; reste alors une seule solution : le régime muet.

Le mobile est devenu portable ou plutôt le portable est devenu mobile. On pensait qu'avec les SMS, on avait fait le tour de la question en matière de message. Et bien non, le bonheur est maintenant complet, on reçoit ses mails sur son téléphone... avant qu'on n'y regarde la télé...

Au moment où «respect» et «relationnel» sont les maîtres mots du discours ambiant, la relation interpersonnelle se dégrade de façon impressionnante. Il semble tout à coup que soit mise entre parenthèses la façon de s'adresser à l'autre face aux nouveaux médias. On a certes réglé quelques gênes ponctuelles exaspérantes : dans les lieux publics les sonneries se font discrètes, dans le train les conversations se font plus sourdes, on voit fleurir de-ci de-là des panneaux de mise en garde, un pis-aller....

Le silence intérieur va devenir le challenge de la conquête du nouveau «vivre ensemble». Quand ce ne sont pas les portables, c'est la musique au mètre qui hante tout ce qui ressemble à un lieu de loisir : partout le fond musical s'impose plus ou moins fortement pour signifier que «l'ambiance» est au rendez-vous; en aucun cas il ne faut prendre le risque de se retrouver face à soi-même ou à l'autre. Le fantôme, l'intrus est toujours là; celui avec qui on n'a pas choisi d'être se manifeste silencieusement avec ou sans vibrations sonores; il débarque par SMS, par «*Black-Berry*», PDA (*Pocket Digital Agenda*), *Palm* ou *Palm-pilote*. Dorénavant, votre interlocuteur pianote en vous parlant, en conduisant, en rendez-vous, en réunion, en entretien, au restaurant. Être joint partout et tout le temps est la priorité actuelle dans toutes les circonstances, sans se préoccuper de savoir vraiment pourquoi. Imposant le silence aux humains, franchissant toutes les barrières naturelles ou sociales, le fantôme dévastateur d'un «Autre» virtuel s'impose. L'homo technicus est né, l'homo sapiens est en extinction...

Il semble plus important de communiquer avec l'Autre, celui qui n'est pas là, qu'avec vous, et ce quel que soit votre grade. L'intrus a su se faire respecter! On voit des ministres se taire docilement lorsque le portable de leur visiteur sonne. Vous serez même flatté lorsque sans le moindre petit geste d'excuse votre interlocuteur regarde la provenance du message qui arrive, précédé d'un bip impératif, pendant que vous lui parlez et qu'il vous lance condescendant : «*Je ne prends pas!*»... Ou si au contraire il s'écarte «poliment» (!) pour gérer une autre conversation à quelques mètres de vous. Aucun doute, vous êtes moins important. Dans des cas exceptionnels, avec ostentation, votre visiteur vous dira «*J'éteins mon portable*». Vous saurez alors toute l'estime dans laquelle il vous tient. Soyez heureux si vous avez déjà l'honneur du silencieux comme pour un revolver.

C'est ainsi, irrévocablement, que le ménage à trois est entériné. On est «pacsé» avec son portable. Certains le lâchent seulement au profit d'un moment de détente en se branchant sur autre chose, sur le «*pod-cast*» par exemple qui diffuse sur I-pod les émissions de radios en différé (ratées en temps réel parce que justement on est sur son mobile).

Au bureau, le face-à-face devient un instant pointu! Il faut saisir son collaborateur entre le moment où il lève les yeux de son écran et celui où il branche son oreillette.

En réunion, la tension monte, les échanges se font brefs, entrecoupés d'interruptions momentanées du contact; pendant que vous leur parlez, vos collaborateurs s'échappent vers des ailleurs inconnus. C'est l'Autre, le fantôme qui s'immisce sans vergogne dans les réunions et les rendez-vous les plus confidentiels. Si toutefois vous désespérez de capter plus de 5 minutes l'attention de votre vis-à-vis, il vous reste la solution de sortir de la pièce et de l'appeler... sur son portable!

«**Ah! quel bonheur d'être toujours joignable**» : c'est le refrain à la mode à chantonner. Nous ne discuterons pas de ce que l'on peut mettre sous ce concept de joignabilité, ni de ce que cela entraîne dans la gestion du temps de travail ou d'intimité, restons sur la forme. Les relations «épistolaires», appelons-les ainsi, deviennent de plus en plus tendues. L'ubiquité et l'instantanéité font peut-être gagner du temps, mais au prix de combien de malentendus et d'erreurs dues à la précipitation? Au bout du compte, rien ne va plus vite, les décisions sont longues à prendre, les résultats se font toujours autant attendre.

La susceptibilité est mise à mal : qui n'a pas vécu le drame du SMS pas arrivé faute de messagerie encombrée? La réponse qui ne vient pas est mal supportée, vécue comme un refus volontaire et vexatoire. Personne ne vous croit si vous prétendez «ne pas avoir eu le message». Tous les répondeurs jurent que l'on va vous rappeler «dès qu'on aura eu le message»… et il faut croire les répondeurs, ils gèrent le monde! Pour se disculper, recourir aux vrais mensonges : on a oublié, perdu (selon le délai de non-réponse) son portable, le réseau est en panne, vous avez «bogué» (ça c'est vrai).

Votre messagerie, celle de votre portable en particulier, devra éviter soigneusement les messages sympas pleins d'humour, voix de Marilyn Monroe ou rap en musique de fond. Si votre entreprise vous rembourse, ne serait-ce que quelques communications, cela signifie que votre téléphone portable est un outil professionnel et mérite un peu de classicisme et de respect du possible interlocuteur professionnel qui vous contactera.

On ne s'écrit plus, on s'envoie un mail?

La situation ne s'améliore pas avec les mails. Si les documents s'échangent avec volupté (au kg de pièces jointes), la résolution des problèmes et le traitement de l'information n'en sont pas moins compliqués : vous êtes débordé(e), les yeux brûlants devant l'écran, les paupières qui tombent! Vous vous en sortirez en tirant sur papier puis en égarant les documents destinés à ne pas être imprimés, et là tout rentre dans l'ordre.

Le style lapidaire est devenu la règle. Plus grave est la nature de la relation qui s'installe de clavier à clavier… On ne se formalise plus de l'absence de l'adresse à destinataire : «cher Machin» est devenu ringard, l'apa-

54

nage des vieux quadras; la formule de politesse s'abrège dans le meilleur des cas. On «gratte» sur la frappe. On communique à l'économie mais on multiplie les messages sans laisser de temps à la réflexion. Cette interactivité frénétique et instantanée prend le rythme du parler sans en avoir la chaleur ni la tempérance de la gestuelle, le sourire qui atténue, la nuance dans le regard. Dialogues de sourds, aveugles et muets, car les mots ont perdu leurs destinataires de l'instant. La possibilité et l'habitude maintenant ancrées de s'exprimer au mépris du temps et de la distance permettent de réagir à la plus petite contrariété. On réagit «à chaud», sous le coup de l'émotion; on écrit comme on parlerait à quelqu'un en face de soi avec plus d'agressivité, plus d'audace (facile de ne pas avoir de réaction sur le moment!), on est courageux à distance. L'autre ne reçoit cette décharge verbale que quelques heures après ou le lendemain; la riposte n'en sera que plus vive. Le décalage émotionnel est constant.

La dysléxie informatique. C'est devenu un enjeu de santé publique! Tous en sont atteints. Nous avons sombré collectivement dans le phonétique comme on sombre dans l'alcoolisme.

Concentrés sur la touche, les technos-écrivains enchaînent les mots, utilitaires, condensés et détachés de toute dimension policée ou littéraire. «Bonjour» en début de mail (de préférence «bjr» pour les SMS), et «cdt» à la fin représentent le maximum que l'on puisse attendre en matière de courtoisie. Le «cdt» suivi d'un nom de famille m'a fait prendre un certain Truchot pour un commandant pendant trois semaines avant que je ne réalise que cela signifiait «cordialement».

Le mailing SMS : un cauchemar... en particulier à la période des vœux ! Il est grossier d'envoyer une formule d'évidence passe-partout en nombre, à tout son carnet d'adresses ! Déjà sur ordinateur c'est une nuisance, mais sur le média intime qu'est le téléphone portable, c'est inadmissible.

Perdus, branchés, assommés de bruit et de liens qui n'en sont pas, il est devenu normal de ne pas « décrocher », puisqu'on ne raccroche jamais. Que sont devenus ces moments intenses où l'on prend le temps de travailler avec le temps de la réflexion sans image et sans le son ? La disparition du crayon et de la plume au profit du pia-notage est en soi un élément déstabilisant ; l'orthographe ne vient plus de la même façon, d'ailleurs la touche cor-rection s'en occupe. Le regard ne se perd plus au loin. La sensualité de l'écriture à disparu. Une nostalgie peut-être pas si inutile pour savoir comment se sortir de ce progrès exponentiel ! Il va falloir repenser notre *modus vivendi* et maîtriser la place des nouvelles technologies, sous peine de ne plus pouvoir penser, aimer, admirer, écou-ter, lire...

Quel sevrage sera possible et à quel prix ? Où faudra-t-il fuir ? Que deviendront ces enfants sages des wagons de TGV, les yeux rivés sur des écrans baby-sitters ? Quand prendront-ils un livre entre les mains ? De quelle culture allons-nous les nourrir ? Allons-nous enfin les laisser s'ennuyer, cesser de vouloir les occuper et les laisser face à eux-mêmes ce que nous nous employons à éviter à tout prix pour nous-mêmes ! Quel antidote à ces nouvelles tech-nologies, cancers relationnels aigus ? Comment allons-nous nous affranchir de ces cordons ombilicaux virtuels qui relient des solitudes névrotiques professionnelles autant que personnelles, «rendez-vous sur mon blog» (les nouveaux journaux intimes)? «On s'appelle?», «je te le mail», «envoie-moi juste un SMS»... Plus on communique, moins on se parle. Plus on se rencontre, moins on se voit. Plus il y a de sons, moins il y a de musique. Plus jamais isolés et plus seuls que jamais. Est-ce du savoir-vivre?

L'abondance des mails entraîne une saturation agressive qui non seulement affaiblit le contenu, mais rend la réponse de plus en plus aléatoire. Il n'y a pas de règle dans la jungle technologique. Or, il s'agit d'un média de l'instantané : quand on ne répond pas, on inquiète ou on irrite; on piste l'interlocuteur sans savoir pourquoi on l'abreuve d'infos qui finissent par être une prison professionnelle transformant l'employé, le cadre ou le patron (le mail est démocratique) en OS posté, le regard rivé sur le caractère gras qui vous sonne!

Faites comme avec votre téléphone portable, oubliez-le. En revanche, si vous ne vous en servez pas, n'oubliez pas de faire écrire le message d'absence qui signale à tous ceux qui vous ont «écrit» (terme inapproprié, on écrit plus, on «maile») que vous n'aurez pas connaissance de leur message.

La techno courtoisie

Les erreurs fatales

✓ Envoyer sans discernement un « poids » de documentation qui met le destinataire au bord de la saturation technologique et bloque son mail quand il l'ouvre.

✓ En ce qui concerne les publicités, il est contre-productif de ne pas rayer des listes le destinataire qui a fait la démarche de demander à ne plus recevoir de messages. Respectez votre promesse.

✓ Ne pas répondre à un correspondant régulier professionnel ou occasionnel (plus d'excuse pour ne même pas prendre la peine de signifier à un fournisseur qu'il n'a pas été retenu lors d'un appel d'offre).

✓ Inonder votre entourage au bureau de petites blagues.

✓ Jongler sur des sites personnels sur votre lieu de travail.

✓ Placer en fond d'écran une pin-up déshabillée (votre ordinateur est un outil de travail non sexiste !).

✓ Ne pas respecter la hiérarchie ; pourquoi iriez-vous déranger par mail votre directeur tous les jours alors qu'avant vous lui envoyiez une note tous les six mois, en vous demandant si c'était bien opportun ?

✓ Le fax fait figure de vieux média sympathique datant du siècle dernier. Il a la courtoisie de reproduire l'écriture, mais attention toutefois à une confidentialité très hasardeuse qui peut gêner le destinataire de votre message.

Les plus qui comptent

✓ Préparez une « avant-page » offrant une ligne de synthèse, signifiant le degré d'urgence et donnant des informations complètes pour la réponse.

✓ Soyez discret(e) sur vos « jouets ». L'étalage des gadgets de la bureautique est tout aussi vulgaire que les chaussures en croco.

✓ Respectez les « traditions » ; l'omniprésence des téléphones ne doit pas dispenser de demander l'autorisation de s'en servir à votre voisin ou à votre interlocuteur.

Les pièges à éviter

✓ Envoyer des fax de 20 pages.

✓ En rajouter sur la notion d'urgence et d'importance.

✓ Faire parvenir des éléments incomplets qui obligent à chercher partout les informations manquantes.

✓ Le fait d'être en compagnie de quelqu'un et de passer son temps avec d'autres... sur votre portable.

✓ Donner à la personne avec qui vous êtes la sensation qu'elle est moins présente que celui qui vous appelle au téléphone.

Le standard :
soignez l'accueil de vos correspondants!

Les règles d'or

✓ Ne pas laisser sonner plus de trois fois sans décrocher.

✓ Savoir pallier les inconvénients des postes directs qui font office de standard… sans personne au bout.

✓ Offrir des systèmes de messageries fiables et organisés.

✓ Considérer la musique d'attente comme un élément essentiel de l'accueil direct (qualité du son, changement des textes, réflexion sur leur contenu, reprise fréquente de la ligne par la standardiste).

✓ Trouver quelqu'un d'autre que le technicien de surface au standard à partir de 18 heures.

✓ Faire passer des tests psychologiques aux standardistes pour s'assurer qu'elles sont capables d'assurer la fonction délicate de représentation de leur société : pas « d'humeurs », mais de la rapidité, de la patience, une exceptionnelle courtoisie, une bonne élocution…

✓ Vérifier que les standardistes sont capables de répondre à un appel en anglais ou en espagnol sans raccrocher sur-le-champ, muettes d'angoisse à la simple écoute d'un accent étranger.

✓ Éliminer le « j'peux pas prendre de messages » sous prétexte qu'il existe des boîtes vocales.

✓ Rappelez lorsqu'on vous laisse un message !

Danger SDA

La SDA (Sélection directe à l'arrivée) est un système qui consiste à décharger le standard en attribuant les quatre derniers chiffres du numéro de l'entreprise à chaque collaborateur individuellement, pour que l'appel aboutisse directement sur son poste. Il s'agit d'un des derniers pièges de la technologie à détecter sous peine de cautionner un manque de savoir-vivre téléphonique général et irrémédiable. Par définition, l'installation de lignes directes implique que vous deveniez vous-même le standard de l'entreprise.

Voici donc à quoi vous condamnez votre interlocuteur lorsque vous n'êtes pas là et que votre secrétaire s'est absentée quelques instants.

Cinq à six sonneries sans réponse de votre bureau.

Cinq à six sonneries sans réponse du bureau voisin (secrétariat ou autre renvoi). En admettant que le correspondant soit toujours là et qu'il n'ait pas tenté de rappeler pour s'assurer qu'il est bien chez ABM, il est alors basculé sur le standard qui, imperturbable, reprend : « ABM, bonjour ! »

Nervosité croissante de l'interlocuteur qui demande cependant, à tout hasard, à parler à Xavier Dupont … peut-être avait-il un mauvais numéro ?

Et voici notre héros reparti à la case départ : cinq à six sonneries sans réponse de votre bureau, etc. Effondré mais stoïque, le combattant résiste, décidé à déjouer les embuscades. Il attend d'être revenu au standard…

« ABM, j'écoute… »

– « Mademoiselle, pouvez-vous prendre un message, c'est urgent ? »

61

– « Nous avons des consignes et nous n'avons pas le droit de prendre de messages. Attendez, je vais voir si je peux vous trouver quelqu'un… » (sic)

Une voix, enfin! Notre égaré, bégayant d'exaspération et d'épuisement, explique son cas.

La réponse cette fois ne se fait pas attendre : « Mais vous n'êtes pas au poste de Xavier Dupont, on vous a mal orienté » (on devine un visage souriant, la voix se veut rassurante)… « Ne vous inquiétez pas, je vous repasse le standard… »

Parle-moi, je te dirai ce que j'entends!

Voici quelques « brèves téléphoniques » et leur traduction élémentaire.

– « Allô! J'écoute », sur un ton qui signifie : « Dépêchez-vous de dire ce que vous avez à dire, je n'ai pas que ça à faire. »

– « C'est d'la part? » Je n'en peux plus de lassitude à force de répondre au téléphone et je ne finis même plus mes phrases.

– « C'est pourquoi? » Je suis méfiant(e), votre appel n'a aucun intérêt avant même que vous en donniez le motif.

– « Je vais voir si je peux le déranger. » Vous êtes tout de suite fixé(e) au cas où vous penseriez naïvement que votre appel était le bienvenu.

– « Il ne peut pas vous prendre. » C'est une rebuffade, et on vous la fait vivre comme telle.

– «Vous pouvez toujours essayer de rappeler.» Si cette affirmation désabusée n'est pas accompagnée d'un ricanement, c'est que vous avez beaucoup de chance.

– «Je n'ai pas le droit de prendre de messages au standard…» J'en suis ravie, car je me contrefiche de votre urgence !

– «Je ne sais pas quand je le verrai…» Il ne passe pas souvent au bureau, ne comptez pas trop sur moi pour penser à lui transmettre un message.

– «Il ne répond jamais sans qu'on lui ait écrit au préalable.» Prenez la file comme tout le monde et on verra si vous êtes digne d'intérêt.

– «Il vous connaît ?» Faites-vous bien partie du même milieu ? Mon patron ne parle pas à n'importe qui…

– «Envoyez toujours une documentation.» Je me débarrasse de vous comme je peux.

– «Ouais…»

Savoir
recevoir en affaires

L'hospitalité professionnelle

Le visiteur, qu'il soit fournisseur, client ou conférencier, peut être amené à passer une ou plusieurs nuits dans votre région à la suite de votre invitation. Faire déplacer quelqu'un, quel qu'en soit le motif, signifie, à partir du moment où il y a prise en charge, qu'il est entièrement de votre responsabilité de l'accueillir, de l'occuper et de veiller à son confort. Commencez par vous assurer qu'il sera attendu à la gare ou à l'aéroport à l'arrivée, mais aussi raccompagné au retour. De malheureux conférenciers se sont vus fort bien accueillis avant leur intervention et contraints de se débrouiller sur le chemin du retour.

L'hôtel. Faites déposer dans la chambre un quotidien régional, quelques fruits ou fleurs et une boîte de bonbons; ceci ne grèvera pas votre budget et sera vivement apprécié. Entrer dans une chambre d'hôtel habitée des attentions de ceux que vous allez rencontrer est un plaisir que l'on remarque. Tout ce qui contribuera à rompre l'anonymat des hôtels (aussi étoilés soient-ils) est souhaitable. Un petit effort d'imagination peut agrémenter notablement un séjour professionnel. Dans 10 % des cas seulement, vous aurez le plaisir de découvrir, dans la chambre dont vous prenez possession, des témoignages d'attention.

Attention aux regrettables erreurs d'appréciation! Si vos deux arrivants sont un homme et une femme, ne donnez pas la plus belle chambre à l'homme en pensant qu'il occupe forcément la fonction la plus importante (j'ai vu la directrice d'une grosse société dans une minuscule chambre avec douche, tandis que son assistant trônait dans une suite). En règle générale, évitez les écarts de standing : neuf mécontents pour un heureux (qui ne se rend même pas compte qu'on l'a privilégié et qui, s'il s'en aperçoit, est gêné vis-à-vis de ses collaborateurs).

Le planning. Veillez à l'emploi du temps de votre invité, d'abord en le lui soumettant longtemps à l'avance, ensuite et dans la mesure du possible, en lui demandant son avis. L'excès de zèle conduisant à imposer, sans relâche, rendez-vous et distractions est aussi pénible que l'attitude inverse qui consiste à laisser votre hôte livré à lui-même. Qui n'a pas été exaspéré de se voir accompagné à tout instant et en tout lieu? On peut en vouloir à ceux qui ne vous lâchent pas. Les Japonais sont imbattables dans ce domaine et j'ai connu un directeur commercial qui n'a jamais trouvé le moyen de semer sa demi-douzaine d'accompagnateurs attitrés. Une seule règle : pas d'abus, ni dans un sens ni dans l'autre. Ne prévoyez pas de soirées trop chargées et surtout tardives sous prétexte de distraire vos conférenciers; plus encore que d'autres, ils tiennent à leur sommeil.

À table. Si vous n'honorez pas trop vos hôtes sur un plan gastronomique, veillez à ce que le repas se déroule rapidement. Retenez qu'en province, on prend plus son temps que dans les grandes villes. Selon chaque cas, veillez à adapter au mieux les rythmes.

Après une invitation. Sachez prolonger les liens que vous avez tissés. Vous signalerez ainsi que vos attentions ne résultaient pas d'une démarche intéressée et momentanée. Une lettre de remerciement quelques jours après ou un appel téléphonique seront les bienvenus. Enfin, tenez vos promesses. Ne les oubliez pas dès que votre hôte a tourné les talons. **Tenir ses promesses.** Vous avez offert à votre invité de lui envoyer la liste des participants à sa conférence ou un enregistrement de son allocution? Alors n'oubliez pas et croyez bien qu'il les attend.

Sachez accueillir les voyageurs

L'avion avec le vol aller et retour dans la journée nous ont fait perdre de vue certaines attentions réservées aux voyageurs. On oublie facilement de tenir compte du dépaysement et de la fatigue; or, il convient de ne pas se comporter comme si le visiteur venait du quartier voisin. Qui n'a pas connu ces moments d'errance (qui paraissent tout à coup interminables), lorsqu'en rupture de stress on cherche un lieu où s'installer avant ou après un rendez-vous? Il est fréquent aujourd'hui de parcourir trois mille kilomètres pour une heure et demie de réunion; le reste du temps (celui que l'on passe dans les avions et les salles d'embarquement) ressemble à un *no man's land* de pas et de temps perdus. Pourquoi ne pas offrir à autrui ce dont vous rêvez lorsque vous êtes vous-même hors de vos frontières pour la journée?

Le B.A.-BA

✓ Appeler le secrétariat de votre voyageur la veille de son départ pour connaître l'heure prévue de son arrivée.

✓ Le cas échéant, envoyer une voiture ou commander un taxi pour la gare ou l'aéroport.

✓ Réserver à votre voyageur un coin d'attente confortable, équipé d'un petit bureau. Prévoir, si possible, un lieu de repos susceptible de recevoir votre invité pendant quelques heures.

✓ Prévoir, pour les étrangers, un dossier (à envoyer avant le voyage) comprenant :
  – un plan de la ville (en entourant le site exact de votre entreprise) ;
  – des numéros de compagnies de taxis ;
  – quelques adresses de restaurants à proximité ;
  – quelques indications sur l'environnement immédiat (surtout lorsqu'il s'agit d'une zone industrielle).

✓ Préparer quelques menus cadeaux publicitaires ou promotionnels de l'entreprise. Rien n'est plus frustrant que de circuler dans un univers de produits (confiserie, produits de beauté, titres de presse…) et de ne s'en voir offrir aucun.

✓ Proposer l'usage d'une salle de bains. Certaines entreprises en sont équipées. Pourquoi ne pas offrir la possibilité de l'utiliser ?

✓ Faire preuve de simplicité. Une fois votre visiteur confortablement installé, le mettre à l'aise en lui signifiant qu'il peut rester autant qu'il le souhaite et que vous le laissez à ses occupations sauf s'il a besoin de quelque chose.

✓ Rester discret. Il est inutile de manifester une présence plus pesante qu'agréable en vous croyant obligé d'aller voir ce qui se passe toutes les dix minutes !

✓ Régler l'addition si vous rencontrez un étranger au bar de son hôtel car il est sur votre « territoire ».

La conférence

Sachez, cher conférencier, que bon nombre d'attitudes sont à proscrire.

Les mauvaises attitudes

✓ Décommander une conférence la veille alors qu'on est annoncé sur tous les programmes.

✓ Envoyer un collaborateur à sa place.

✓ Arriver en retard.

✓ Inonder la salle de brochures sur son entreprise sans avoir demandé l'autorisation aux organisateurs et sans même s'être assuré que tous les intervenants étaient soumis à la même règle.

✓ Prendre à partie un autre conférencier qui est avec vous sur l'estrade.

✓ « Vendre » sa propre entreprise au lieu de se limiter au sujet que l'on est censé traiter.

✓ Dépasser largement son temps de parole.

✓ Ne pas tenir compte du briefing qui a été fait et délivrer un discours tout fait et hors sujet.

✓ « Voler » les questions de la salle sans laisser les autres conférenciers s'exprimer.

✓ Se tenir mal (avachi sur la table ou écroulé sur le dossier de sa chaise), les jambes allongées (qui dépassent sur le devant de l'estrade), ôter ses chaussures (il n'y a pas toujours une longue nappe pour cacher les jeux de jambes).

✓ Bâiller, soupirer, regarder ailleurs sans même chercher à faire croire qu'on s'intéresse à ce que racontent les confrères.

✓ Bavarder avec son voisin.

✓ Mâcher un chewing-gum, se moucher violemment ou se livrer à toute manie d'ordre physiologique !

Le savoir-vivre
de l'écrit

La nostalgie de l'écrit

Le courrier (c'est-à-dire les lettres personnelles), si l'on croit les statistiques de la Poste, représente moins de 5 % du volume total de l'acheminement postal. Certes, l'écrit connaît un retour en force grâce aux mails, aux fax et même aux SMS, mais peut-on parler d'écrits ? Ce mode de communication est fait de goujateries : abréviations, orthographe phonétique, formules toutes faites. Les fautes deviennent celles de l'ordinateur. Le *fast-food* de la correspondance a dénaturé le goût des phrases et des belles lettres qui sont à l'origine du plaisir de la correspondance, la vraie. Pourquoi ne pas s'offrir un luxe ? Retrouvons le plaisir physique de l'écriture, la beauté des papiers, l'excitation du délai qui sépare l'envoi de la réception. Nous sommes d'autant plus sensibles à ce qui fait la différence que nous évoluons dans l'univers aseptisé des bureaux. Vous pouvez marquer des points en écrivant à la main dès que cela vous est possible, en usant de toutes les règles de l'art épistolaire.

Les règles d'or

✓ Respecter l'orthographe en général, et les noms propres en particulier. (On pardonne plus la faute dans un mail que dans une lettre).

✓ Rechercher la formule de politesse adéquate. C'est une forme de créativité et de personnalisation qui en vaut beaucoup d'autres.

✓ Écrire « Je vous prie de croire à l'expression... » et non « en l'expression ».

✓ Ajouter un mot manuscrit au bas des lettres tapées.

✓ Exiger un bon français dans l'entreprise de la même façon que l'on impose une tenue correcte.

✓ Faire corriger les fautes écrites et reprendre (gentiment) les fautes verbales de vos collaborateurs.

✓ Demander à un correspondant l'autorisation avant d'envoyer un pli à son bureau si c'est personnel.

Les détails qui tuent !

✓ Pitié ! N'écrivez plus « Chère Madame Patard ». Les Français n'ont pas coutume, sauf pour l'en-tête, d'utiliser le nom de famille. Alors pourquoi ne pas laisser cela aux Anglo-Saxons ?

✓ La formule systématique « sentiments distingués » qui finit par ne plus l'être du tout.

✓ Les vœux de bonheur et les condoléances rédigés à l'aide d'un traitement de texte. C'est dur !

✓ Se laisser aller sous prétexte que, par mail, il est normal de faire des fautes.

✓ Écrire une lettre à teneur personnelle et l'adresser au bureau, sans apposer la mention « personnelle ».

✓ N'inversez pas nom et prénom : madame DURANT Laurence.

Attention ! Vous avez coutume d'écrire « personnel » ou « confidentiel » sur un pli ? Sachez que, sur une lettre, il faut écrire « confidentielle », car c'est la lettre qui est confidentielle, l'adjectif s'accorde donc. Sur un paquet ou sur un fax, c'est le masculin qui s'impose.

Les cartes de visite

Raffiné...

✓ La qualité de l'impression. (Si vous pouvez les faire graver, c'est mieux). Il existe deux formats différents :
  – le petit format américain (à laisser ou à remettre) ;
  – un format plus important qui permet notamment d'écrire un mot d'accompagnement de documents.

✓ Un caractère classique (anglaises ou bâtons).

✓ Distribuer largement votre carte à l'américaine, témoignage d'un désir d'ouverture et de communication.

✓ Des cartes différentes pour des utilisations différentes (privées et professionnelles).

✓ La carte aux intitulés différents selon les circonstances, si vous cumulez des fonctions.

✓ La sobriété des titres ; plus une carte est sobre, plus on vous attribue d'importance !

✓ Le verso en japonais (de plus en plus courant) qui se justifie par l'élargissement de nos relations commerciales avec l'Extrême-Orient.

✓ La carte pré-rédigée contenant la formule « Avec ses compliments ». Elle est très utile pour accompagner n'importe quel envoi.

Ringard

✓ Les économies de bouts de chandelle et les impressions « minute » bon marché et repérables au premier coup d'œil.

✓ Les impressions fantaisistes. Votre carte de visite ne doit pas condenser la brochure de la société ; elle n'est pas faite pour être originale.

✓ La classique formule française : « Justement je n'ai pas de carte sur moi. »

✓ L'utilisation des cartes professionnelles dans votre vie privée (boîte de chocolat adressée à votre vieille tante avec la carte d'IBM) comportant un paragraphe entier de titres successifs.

✓ La liste de vos décorations et de vos titres. Ce n'est pas du meilleur goût (gardez cela pour les faire-part).

✓ La traduction anglaise de votre carte au verso qui ne se justifie que dans le cas d'une adresse à l'étranger.

✓ La même carte accompagnée de « Avec ses remerciements », sans aucune mention manuscrite. Par définition, un remerciement mérite que vous vous donniez le mal d'en écrire le mot !

Savoir accueillir au bureau

La communication s'exprime par tous les pores de l'entreprise et le savoir-vivre consiste à savoir la maîtriser, la manipuler même. Dans le monde du signifiant et du signifié, il y a toute une gestuelle qui s'ajoute aux mots. L'accueil, en général, est un moment privilégié pour s'exprimer et augurer d'un ton relationnel favorable. Inutile de focaliser sur les uniformes ou le sourire des hôtesses d'accueil si, dès qu'elles vous ont annoncé, elles vous oublient instantanément et poursuivent tranquillement une conversation personnelle entre elles ou au téléphone. Selon les cas, on saura tout sur leur salaire ou sur l'ulcère de leur conjoint.

De nombreuses entreprises ont adopté la bonne habitude d'envoyer chercher leurs visiteurs à la réception ou à l'étage. C'est parfait à condition de ne pas être accompagné par une gardienne de prison qui vous précède dans l'indifférence la plus totale ou qui, au contraire, vous prend à témoin de sa popularité en s'arrêtant pour dire un petit mot à toutes ses semblables des secrétariats ayant pignon sur le couloir.

L'accueil

À la réception, l'attente ne devra jamais excéder une dizaine de minutes au pire. Si tel est le cas, on offrira de la lecture après avoir précisé le motif du délai. Recevoir quelqu'un, c'est aller au-devant de lui dans tous les sens du terme et, encore une fois, on s'aperçoit que faire preuve de courtoisie, c'est aussi faire preuve d'efficacité. Bousculer, rudoyer, élever la voix est non seulement désagréable mais constitue également un témoignage d'impuissance et une incapacité à maîtriser la situation.

Cet accueil de l'entreprise se poursuit dans le bureau de chacun des collaborateurs qui prend le relais de ce flambeau symbolique.

Les règles d'or

✓ Se lever lorsqu'un visiteur pénètre dans votre bureau.

✓ Désigner sa place à votre visiteur et si possible venir s'asseoir à côté de lui, sans rester derrière son bureau.

✓ Interrompre la communication téléphonique en cours (prendre le temps de s'en excuser avant d'abréger).

✓ Prévenir votre interlocuteur si vous devez recevoir une communication dans la demi-heure qui suit.

✓ Annoncer dès le départ le temps imparti au rendez-vous.

✓ Choisir préalablement l'endroit où se déroulera le rendez-vous.

✓ Prévenir qu'on ne doit pas vous déranger pendant votre rendez-vous, sauf urgence clairement spécifiée.

✓ Se conformer à la démocratie d'entreprise quel que soit son statut hiérarchique.

✓ Fermer son portable.

✓ Préparer les documents nécessaires à l'entrevue.

✓ Être affable : tout visiteur mérite un minimum de chaleur lorsqu'on le reçoit.

✓ Prévenir à l'avance ceux qui devront assister à l'entretien.

✓ S'en tenir aux modalités prévues pour une réunion et ne pas se retrouver seul devant un visiteur qui a prévu une présentation pour dix personnes !

✓ Le remercier de s'être déplacé jusqu'à vos bureaux.

✓ Prendre les documents que l'on vous remet et annoncer qu'on les lira attentivement après l'entretien.

✓ Raccompagner le visiteur jusqu'à l'ascenseur et, dans certains cas, l'accueil.

À éviter absolument !

✓ Lever les yeux et poursuivre ses occupations avec un petit sourire.

✓ Déblayer de la main une chaise encombrée et s'installer dans une position dominante.

✓ Continuer à téléphoner en indiquant du geste au visiteur de s'asseoir.

✓ Recevoir dans un capharnaüm. Ceci donnera l'image de quelqu'un de débordé et de désorganisé.

✓ Regarder sa montre toutes les dix minutes en manifestant de l'impatience.

✓ Ouvrir toutes les portes, suivi(e) de votre visiteur, pour savoir « où l'on pourrait bien se mettre ».

✓ Répondre aux appels...

✓ Ne pas afficher ostensiblement des privilèges dus à la hiérarchie; par exemple, chasser les occupants de la salle de réunion sous le prétexte implicite qu'ils sont moins importants.

✓ Fouiller partout pour retrouver un papier devant votre visiteur.

✓ S'enfoncer dans son fauteuil en aboyant un « Je vous écoute » péremptoire.

✓ Convoquer impérativement des collaborateurs non avertis.

✓ Avertir votre visiteur, une minute avant d'entrer en salle de réunion, du nombre de personnes qui l'attendent.

✓ Être déjà « ailleurs » au moment où il prend congé.

✓ Prendre connaissance d'un document en poursuivant la conversation.

✓ Prendre congé en faisant mine de se lever et se replonger avec zèle dans une autre activité.

Savoir-vivre et tabac

Respecter la loi, c'est aussi faire preuve de savoir-vivre. L'enfreindre, c'est avant tout une violation de l'autre.

Et si c'est dans un lieu autorisé ou même interdit...

Le B.A.-BA

✓ Éteignez votre cigarette lorsque votre voisin fait un geste discret pour écarter la fumée.

✓ Privilégiez le non-fumeur. Ce dernier est prioritaire dans un groupe de fumeurs.

À éviter

✓ Aller se plaindre, dans l'entreprise, au Comité hygiène et sécurité dès que quelqu'un fume dans un lieu non-fumeur, avant de s'adresser courtoisement à lui.

✓ Faire jouer la responsabilité individuelle et le contrôle social avant de jouer les gendarmes. L'agression est un manque de savoir-vivre.

✓ Prendre l'air outragé ! Souriez et demandez gentiment aux fumeurs de s'abstenir.

Savoir voyager

Les voyages et invitations « promo »

Certaines professions sont transportées et diverties à longueur d'années, des Maldives aux Baléares, sans oublier les week-ends de ski ou la visite d'une palmeraie à dos de chameau. Loisirs prétextes qui sont des cadeaux déguisés et qui offrent, en outre, l'immense avantage d'avoir à disposition prospects et clients pour argumenter en douceur et préparer de futurs accords commerciaux. Il n'en fallait pas plus pour que cette pratique engendre de nouvelles occasions de mal se conduire. Puissances invitantes et puissances invitées sont à égalité devant les risques de basculer dans des comportements socialement inacceptables.

Les puissances invitées essayeront de ne pas afficher le regard blasé qu'elles portent sur tout cela. Ce n'est pas parce qu'on est courtisé par des fournisseurs et souvent sollicité qu'il faut pour autant manifester le peu d'importance, voire le dédain, qu'on attache aux circonstances. La plus élémentaire des politesses consiste à rester mesuré et à se convaincre que l'on est ainsi courtisé en raison du poste ou de la fonction que l'on occupe au sein de l'entreprise, et non parce qu'on est soi-même une star ! La tentation est grande de se surestimer. C'est ainsi que peu à peu certains se croient tout permis.

Alors au minimum pensez à remercier, à décliner ou à accepter personnellement les invitations, en temps voulu et en termes élégants. On ne demande pas à sa secrétaire ou à une tierce personne de remercier d'une invitation pour trois jours au Sénégal comme on le ferait pour un simple cocktail. Si vous pensez qu'il s'agit d'une pression commerciale déguisée et qu'il est de votre devoir de ne pas accepter pour ne pas vous sentir engagé (si si, cela arrive encore!), refusez malgré tout avec tact, chaleur et courtoisie. Et en tout état de cause, répondez, ce qui est loin d'être systématique, comme on pourrait l'espérer.

Le B.A.-BA

✓ Sous un aspect relationnel, savoir garder des distances dans ce qui est, rappelons-le, un groupe professionnel. On évitera donc le tutoiement immédiat et les grandes bourrades dans le dos sous prétexte « que l'on est en vacances ensemble ».

✓ Renoncer aux extras, ou insister dès le départ pour qu'on vous les facture à part. N'oubliez pas de les régler.

✓ Savoir composer une valise. S'il y a un dîner en smoking, c'est pour vous honorer, n'y venez pas avec un col ouvert et arborez au moins une chemise blanche et une cravate foncée.

✓ Remercier (encore) de ce que vous avez trouvé dans votre chambre.

✓ Porter la plus grande attention aux objets publicitaires ou promotionnels qui vous sont offerts (mettez le tee-shirt au moins une fois pour faire bonne figure).

✓ Lire les documents mis à votre disposition. Si c'est un support qui vous invite, lisez le journal que l'on vous remet !

✓ Maîtriser ses réactions, surtout en groupe : un groupe est comme une foule, imprévisible et facilement odieux.

Les pièges à éviter

✓ Changer d'avis à la dernière minute sous prétexte qu'il « s'agit de boulot ! ». C'est désinvolte et grossier.

✓ Avoir un comportement de profiteur, quel que soit l'objet de votre demande : « Est-ce que je peux emmener ma fille ? Pourrais-je en avoir un autre ? »

✓ Solliciter des faveurs spéciales : « Pourriez-vous me trouver une place d'avion pour partir le lendemain ? » (tout ce qui sort du programme coûte très cher).

✓ Passer son temps à comparer ce que l'on octroie aux autres, de crainte d'être moins bien traité.

✓ Harceler les organisateurs de questions sur l'emploi du temps.

✓ Faire bande à part en profitant du séjour qui vous est offert pour mener votre vie sans participer aux activités communes.

✓ Vous plaindre du service, de la nourriture, de l'organisation, du pays, des autochtones, du temps...

✓ Demander à partir avec un jour d'avance (même si tout est raté !).

✓ Venir accompagné. Même si l'on s'emploie à vous le faire oublier, il s'agit de voyages professionnels et non d'escapades amoureuses avec alibi.

Les puissances invitantes établiront une liste rigoureuse de leurs invités, adaptée à l'objectif de l'invitation. Elles décideront des séances de travail et de leur durée pendant le séjour. Face à la grande pyramide, votre malheureux invité vivra peut-être assez mal que vous lui vantiez les mérites de la nouvelle crème hydratante qui va sortir de vos laboratoires. Il faudra choisir le bon moment pour chaque chose. Elles devront veiller à ne pas faire sentir qu'elles attendent une contrepartie à ce voyage. Il faudra éviter la petite phrase de trop, entendue sur le quai de la gare au retour : «Ce n'est pas tout ça, mais j'espère que nous allons faire des choses ensemble.» Ce rappel à la réalité ruine instantanément et à lui seul tous les fastes et les trésors d'amabilité que vous avez pu déployer. Tout le monde, en revanche, comprendra très bien que formellement, à un moment quelconque, on prévienne les invités qu'il y aura une présentation de produits ou des séances de travail. Un carton indiquant l'heure et la salle sera déposé dans la chambre de chacun comme une invitation à laquelle on se sent libre de se rendre.

Les organisateurs traiteront tout le monde de la même façon, sans distinction hiérarchique : ni tables d'honneur, ni cadeaux particuliers. Discrets mais efficaces, ils présenteront très soigneusement les uns aux autres, de telle façon que tout le monde puisse se rencontrer. En cas de soirées habillées, quelques éléments vestimentaires (de dépannage) seront prévus afin de ne mettre personne dans l'embarras. Si, pendant un voyage, ont été prévus des programmes spéciaux pour les femmes, ne pas les traiter en débiles légères en les cantonnant à la visite de l'atelier de couture local ou autre activité dite d'intérêt «féminin». Au fait, ne pas oublier que «l'autre» peut être un homme ! Ne pas oublier non plus que les temps libres sont appréciés et que chacun est capable d'avoir des activités individuelles. Il est assez déplaisant de se voir imposer (même si on a le choix) un programme de stakhanoviste.

En avion

Comment ne pas évoquer ces nouveaux halls et ces trajets qui sont la continuation du bureau pour certains ? Si vous voyagez avec des collaborateurs, respectez leur désir d'intimité et de solitude dès que vous aurez franchi la porte de l'avion ; vous entrez dans un lieu exigu qui fait office à la fois de chambre à coucher, de restaurant, de salle de lecture... source de stress et de promiscuité. Si vous voyagez avec un « moins gradé », renseignez-vous à l'avance pour que vous ne soyez pas en business et lui, en classe touriste ! Respectez le confort de chacun !

La politesse

✓ Ne pas oublier de saluer discrètement. Votre voisin de siège n'est pas un envahisseur d'une planète ennemie.

✓ Éviter d'imposer, pendant toute la durée du vol, une conversation à votre voisin, sous prétexte que vous avez échangé avec lui deux mots aimables.

✓ Proposer aux personnes qui ont moins de force que vous de hisser ou de descendre leur sac du coffre à bagages. Vous n'êtes pas dans la jungle !

✓ Accepter de changer de place pour rendre service. Il y a des gens qui ne supportent vraiment pas d'être « coincés ».

✓ Sourire !

… Et le sans-gêne

- ✓ Basculer violemment votre siège quand votre voisin de derrière n'a pas fini son plateau-repas.
- ✓ Piétiner tout le monde pour vous assurer une place dans l'allée centrale et pour être le premier à descendre.
- ✓ Coincer toute l'allée pour organiser le coffre à bagages.
- ✓ Entreprendre un brushing dans les toilettes.
- ✓ Boire de l'alcool sous prétexte que « ça détend ! ».

Au sol

Ne vous vengez pas sur le personnel de vos problèmes de retard, d'attente, etc. Écrivez vos réclamations, si elles sont justifiées, à ceux qui ont le pouvoir et non à ceux qui ne font qu'appliquer des règles ou gérer un dysfonctionnement.

Offrir un cadeau : respecter l'éthique et l'élégance

« L'argent est très estimable quand on le méprise. »

MONTESQUIEU

C'est un sujet délicat que celui de la frontière entre le manque de savoir-vivre et l'éthique, et le débat recouvre un champ très vaste. Qu'en est-il des cadeaux destinés à « séduire » l'acheteur, à renforcer une relation commerciale ? Qu'en est-il des invitations, des voyages ? Ce que l'on peut dire, c'est que la réussite de l'homme ou de l'entreprise n'est pas aussi souvent qu'on veut bien le dire liée à un monde de tractations souterraines et de corruption.

Le bon registre en matière de cadeaux d'affaires n'est donc pas si facile à déterminer, surtout actuellement ! « L'attention », elle, se distingue facilement du cadeau par le simple fait que ce n'est pas le prix qui en fait la valeur : moins un cadeau est cher, moins il y aura de problème ! Faites votre choix parmi tout ce qui est du domaine des fleurs, des livres, des chocolats ou gadgets courants... Le geste est plus important que la valeur marchande. Cette dernière fait peur : peur d'être débiteur, peur d'être acheté, peur d'être en porte-à-faux ou peur d'une relation moins professionnelle, sans compter le contrôle fiscal (il y a une loi précise en la matière).

Le bon moment pour offrir

✓ Pour remercier d'un déjeuner ou d'un dîner, d'une faveur ou d'un service rendu.

✓ Pour accueillir un étranger.

✓ Pour souhaiter la bienvenue à un nouveau collaborateur dans une entreprise.

✓ Pour manifester de la sympathie à un malade ou à un accidenté avec lequel on a des relations professionnelles.

✓ Pour marquer toutes sortes d'événements : anniversaires, fêtes, départ à la retraite, commémoration…

✓ Pour adresser ses félicitations, à l'occasion d'une nomination, d'une décoration, d'un succès d'entreprise, d'un accord commercial, d'une prestation particulièrement brillante en public…

✓ Au nouvel an !

Que peut-on offrir, et à qui ?

Tout ce qui est du domaine du livre ou de l'univers du bureau. Le cuir offre toute une gamme de produits diversifiée.

Prudence. Il est possible d'offrir quelques alcools et articles de luxe, mais en quantité modérée. Attention aux excès et plus généralement à tout ce qui pourrait s'apparenter à de la corruption. Si vous choisissez l'univers de

l'électronique, restez dans les sentiers battus des pendulet-
tes, calculettes ou tout autre machine se terminant en
« ette » (ce qui implique un coût modeste). Si vous envoyez
des fleurs dans une entreprise, optez plutôt pour une cor-
beille ou une plante qui n'obligera pas la secrétaire à courir partout pour trouver un vase, changer l'eau, couper les
tiges, etc. Choisissez un bon fleuriste qui ait du goût, car
il existe des bouquets d'une grande vulgarité : même les
fleurs peuvent manquer d'élégance ! Attention au cadeau
qui, sous un prétexte humoristique, frôle le mauvais goût
intégral (rien de pire que l'humour grossier).

Bon sens. Faites preuve de bon sens et, dans le doute, con-
sultez votre entourage. Dans certaines circonstances, on se
révèle soi-même de très mauvais conseil. Ne prenez jamais
le risque d'offrir un cadeau qui soit disproportionné par
rapport à la situation. La manière d'offrir un cadeau ou
de le présenter est infiniment plus importante que ce que
l'on donne. C'est une façon sympathique de se faire
remarquer.

Refuser. Certaines entreprises ont pour politique d'inter-
dire à leurs collaborateurs d'accepter des cadeaux. Loua-
ble exigence certes, mais il s'agit dans ce cas de leur
apprendre à refuser avec tact, jusqu'à renvoyer un objet.
Par ailleurs, il y a des circonstances où il est nécessaire de
refuser un cadeau.

Pour une femme. Attention aux bijoux ou à tout objet personnel et coûteux. Déclinez fermement une invitation
émanant d'un fournisseur au moment d'un appel d'offre
ou, plus généralement, de tout individu dont le cadeau
vous met simplement mal à l'aise. En tout état de cause, un
refus ou un retour à l'envoyeur sera toujours accompagné

de vifs remerciements. La subtilité et les bonnes manières se retrouvent à chaque instant; cool ne veut pas dire familiarité, intrusion ou sans gêne. Le prix a souvent autant d'importance symbolique que la nature de l'objet. Le classique foulard est sans ambiguïté alors que n'importe quel vêtement de la même valeur devra être refusé!

Femme d'affaires
et affaire de femmes...

« Je conviendrais volontiers qu'elles nous sont supérieures,
ne serait-ce que pour les dissuader de se croire nos égales. »

Sacha GUITRY

L'étrangeté demeure et la banalisation de l'état de femme
cadre, de femme PDG, de femme «main de fer dans un
gant de velours» continue à faire jaser. Le S de «sexe»
nous siffle aux oreilles et, d'évidence, l'oreiller est le trem-
plin de nos réussites. Si ce n'est pas le cas, ce n'est pas
mieux, car nos confrères se perdent alors en hypothèses
sur notre aptitude à nous pencher sur autre chose que sur
un dossier. Traîtresses que nous sommes lorsque nous
tombons dans le piège tendu et que, manquant de solida-
rité féminine, nous nous interrogeons nous-même sur le
protecteur mystérieux qui a permis à telle ou telle d'arriver «là où elle est».

Oh! Mais non, il n'est pas question de remettre nos com-
pétences en doute, et tout un chacun d'en rajouter sur
notre courage, notre «intuition» qui, à les entendre, nous
tient lieu d'intelligence. L'admiration est sirupeuse et les
compliments sont autant de coups d'épingle. Comment
pourrions-nous vous faire comprendre que l'admiration
excessive que vous nous témoignez ne nous ravit pas

autant qu'elle le devrait ? On chante nos louanges avec la même indulgence que celle que nous réservons aux premiers mots d'enfants.

Muflerie au masculin

Les machos. Il sont souvent difficiles à detecter. Le machisme est une composante réelle du manque de savoir-vivre masculin. Les plus conventionnels, défenseurs de leur propre femme au foyer, du bœuf mironton et des humanités féminines pour toute instruction, sont bien souvent les collaborateurs les plus faciles et les plus ouverts. Aucune ambivalence dans leur comportement : ils travaillent, bavardent, consultent et cohabitent avec les femmes avec la plus grande aisance.

Et les autres. À l'inverse, on peut connaître les pires embûches lorsqu'il faut collaborer avec les plus « pro-féminins ». Afin de prouver leur désir de bien travailler avec le sexe opposé, ils ne cessent de nous tourner autour, trébuchant pour courir nous ouvrir les portes (ce qui, avec des dossiers sous le bras, exige bien souvent plus que leur souplesse naturelle ne le permet). Il y a les « amateurs de femmes » qui appartiennent à la race des dangereux « frôleurs », et ceux de la pire espèce, les violeurs de derrière les photocopieurs qui vous coincent contre une paroi d'ascenseur sur le thème : « c'est ton avancement ou moi petite... », dans le plus pur style d'un mauvais sitcom.

Les rapports hommes/femmes ne sont pas encore évidents dans les entreprises ; il convient de veiller à les rendre courtois, professionnels, et surtout neutres. Voici quelques exemples de muflerie au masculin :

À la banque. Vous tendez votre bilan, l'homme vous demande, goguenard : « C'est votre mari qui s'occupe de la partie financière ? » Ou, carrément grossier, il vous interroge : « Quel est l'homme derrière votre réussite ? »

En politique. « Qui gardera les enfants ? » (Un classique !)

En réunion. « Je vous présente la ravissante Carole Bompart, qui est aussi une excellente collaboratrice... »

Au restaurant. « Je suis vieille France, vous savez chère petite madame ! » Et il en profite pour mettre sa main sur la vôtre. Il a choisi la table, vous a arraché la carte des vins, a commandé pour vous, alors qu'il est votre invité. Le maître d'hôtel, lui aussi, doit savoir. La réservation est à votre nom, mais l'on vous tend une carte sans prix et l'on ne vous autorise ni à goûter le vin, ni à émettre la moindre opinion (sauf sur un éventuel courant d'air dans le dos). Les restaurateurs commencent à peine, lors des déjeuners d'affaires, à tenter de savoir qui invite et à respecter un égalitarisme qui permettra aux femmes d'éviter ces situations embarrassantes. Dans 90 % des cas, l'addition est déposée devant l'homme.

Lors d'un briefing. « Ce contrat ? Avec des yeux pareils, vous ne pouvez que l'obtenir... »

Chez un chasseur de tête. « Vous cherchez un plein temps ? » Ou encore : « Je vois sur votre CV que vous avez déjà deux enfants, vous n'en voulez pas d'autres ? »

Au bureau. Sans qu'il vous connaisse et malgré vos 40 ans : « Mademoiselle, pouvez-vous me dire ce qui... » L'usage du « Mademoiselle » introduit la plupart du temps la touche de commisération nécessaire et suffisante pour mettre tout de suite une femme en position d'infériorité. Après une réaction un peu vive sur un point professionnel : «Eh bien, que se passe-t-il mon petit, vos nerfs?» «Et votre mari, comment prend-il ça?», à propos d'une nomination, d'une augmentation, d'un déplacement à l'étranger, d'une prise de fonction… Sous-entendu, c'est un minable ou votre factotum. «Je ne vous mets pas en contact avec Mme Duplas avec qui vous ne vous entendez pas, on sait ce que c'est que les bonnes femmes entre elles!» «Moi, je ne supporterais pas d'être sous les ordres d'une femme.» Cela tombe bien d'ailleurs car vous le virerez à la prochaine occasion, quand vous aurez de l'avancement, et lui, pas.

En salle de réunion. «Quelle est celle d'entre vous qui va nous chercher des cafés?» Soit, allez-y, mais en échange, envoyez-le déplacer votre voiture!

Et tous ces bruits de couloirs.
Elle est ravissante : «En voilà une qui fera carrière!» (clin d'œil).
Pas jolie : «Elle n'est pas aidée par la nature.»
Pas mariée : «Elle doit avoir un sale caractère.»
Jeune mariée : «Ne perdons pas de temps en formation, elle va faire un bébé.»
Elle a 50 ans : «À cet âge-là, les femmes ont des problèmes.»
Elle est autoritaire : «Sa vie amoureuse doit laisser à désirer.»
Elle est réservée : «Elle n'a pas d'abattage.»
Elle a des enfants : «On ne peut pas la promouvoir à ce poste.»
Elle n'en a pas : «Attention, c'est une arriviste!»

Homme/femme en entreprise : pour une relation courtoise

Une nouvelle conquête de la femme au travail dans les années à venir pourrait être, non plus de s'imposer en tant que femme, car on peut espérer que c'est un phénomène acquis et irréversible, mais bien d'introduire un nouveau savoir-vivre en affaires. Elle peut imposer un véritable code des usages grâce à la légitimité immémoriale qu'on lui accorde, sans contestation, pour tout ce qui concerne l'art de vivre en société et la transmission des usages, et ce depuis J.-J. Rousseau. La hiérarchie s'estompe lorsqu'il s'agit de décider ce qui se fait ou ce qui ne se fait pas. On ne se trouve plus devant un patron et son assistante, mais devant un homme qui s'en remet à une femme, aveuglément la plupart du temps. Vue par une femme, l'entreprise n'est plus la même. Qui mieux qu'une femme repère le détail qui tue, le geste ou l'attitude qui peut tout faire basculer ?

Il ne s'agit pas bien sûr de renvoyer les femmes à des postes d'intendance ou de super hôtesses en persistant à les cantonner à des emplois pseudo-relationnels. Il faut au contraire que chacune d'entre elles possède un nouveau pouvoir, celui de la gestion du savoir-vivre en entreprise, c'est-à-dire de la création du lien social.

Les attitudes courtoises

✓ Qu'il nous laisse passer en nous tenant la porte.

✓ Qu'il insiste pour prendre l'addition mais de la même façon que nous le ferions avec n'importe lequel de nos invités professionnels.

✓ Qu'il porte notre valise (certainement pas notre attaché-case).

✓ Qu'il commande un plateau repas si la réunion doit se prolonger tard le soir (pas de dîner aux chandelles !).

✓ Qu'il adopte un ton courtois.

✓ Qu'il ait l'intelligence de se renseigner pour savoir lequel de l'homme ou de la femme est le décideur sans d'emblée l'attribuer au sexe masculin.

Les attitudes rédhibitoires

✓ Le sexisme hiérarchique : qu'il passe devant sa secrétaire mais qu'il enchaîne les courbettes devant une femme cadre !

✓ Qu'il s'empare (surtout lorsqu'il est notre invité) de la note, en clamant que son honneur est en jeu et que jamais il ne laissera une femme régler l'addition. Il s'agit d'une atteinte à notre statut professionnel.

✓ Qu'il nous assène des compliments sirupeux pendant les heures de bureau.

✓ Qu'il nous invite à dîner en tête-à-tête pour « travailler » (sauf au cours de déplacements professionnels, bien sûr).

✓ Qu'il pratique le baisemain au bureau.

✓ Qu'il ne sache pas s'effacer devant une femme. N'oublions pas, à l'inverse, qu'une femme ne cède le pas devant un homme que lorsqu'il s'agit d'un ecclésiastique ou d'un homme d'État.

✓ Les « Ma Chérie » à tout bout de champ.

✓ Qu'il nous prenne systématiquement pour l'assistante de l'homme qui nous accompagne.

Tordre le cou aux préjugés masculins

Émotions. Maîtrisez-les : pleurer au bureau est du plus mauvais goût. Dispensez-vous de commenter vos malaises – migraines, nausées, maux de ventre –, car vous risqueriez d'être frappée d'un mal beaucoup plus grave : la paralysie d'avancement (c'est souvent lié). Réfrénez votre affectivité : est-il vraiment utile d'embrasser deux fois par jour tout le service sur les deux joues ? Les effusions n'ont jamais contribué à la bonne ambiance d'un département, quoi que l'on puisse en penser.

Maniérisme. Si les petits cadeaux entretiennent l'amitié, ils peuvent empoisonner la vie collective ; gardez-les précieusement pour vos amies. Fêter tout et n'importe quoi est une manie typiquement féminine. Limitez les célébrations aux circonstances professionnelles. Ne vous remaquillez pas en public. Oubliez les parfums capiteux. Soyez à l'heure ! Nous avons la réputation d'être en retard (vous y aurez droit...).

Modestie. Ayez la réussite souriante : nous avons tous rencontré ce type de femmes qui, pour se faire remarquer, se comportent comme le pire des dictateurs, écrasent les hommes, martyrisent les autres femmes et donnent des ordres avec l'autoritarisme d'un maître de manège. Soyez aimables avec tout le monde ; même si ce sont les hommes qui sont au pouvoir, n'ignorez pas vos consœurs. Faites un effort pour travailler votre humour car il en faudra beaucoup si vous souhaitez aller loin dans votre cursus (il paraîtrait que nous en avons moins que les hommes). Évitez de rappeler indéfiniment « combien c'est dur pour une femme ».

Discrétion. Arrêter de justifier vos déboires professionnels en invoquant un harcèlement sexuel auquel vous ne cédez pas (crédible ou pas, ce n'est pas à votre avantage). Retenez-vous de parler de votre entreprise en termes négatifs, à l'extérieur, en insistant lourdement sur le fait qu'«ils» sont machos. Évitez les ragots (on vous les attribuera de toutes façons), mais restez féminine! Pas de concessions à la masculinisation sous prétexte qu'attirantes, nous suscitons le désir de l'homme. On ne sait que trop ce à quoi mène ce type de raisonnement. Vous êtes une femme, restez-le… ou alors les hommes ne le seront plus! Pitié pour les autres : une photo de vos héritiers est la bienvenue, mais faut-il vraiment tapisser les murs de leurs premières œuvres abstraites?

Un savoir-vivre de circonstance

Les médecins

Très appréciable

✓ Qu'ils soient facilement joignables par téléphone.

✓ Qu'ils prennent connaissance de leurs messages, rappellent (parfaitement, docteur!), et forment leur secrétaire à faire autre chose qu'un barrage.

✓ Qu'ils répondent aux questions techniques sans vous faire sentir votre inculture et votre incompétence sectorielles.

✓ Qu'ils écoutent et acceptent de s'engager lorsque vous demandez un conseil.

✓ Qu'ils veillent à tous les signes extérieurs de considération : journaux récents, propreté impeccable, espace vital minimal dans la salle d'attente, fleurs, etc.

✓ Qu'ils soient ponctuels!

Déconseillé

✓ Qu'ils répondent à d'autres patients par téléphone lorsqu'ils sont avec vous.

✓ Qu'ils se comportent en « pontes » parlant à des illettrés.

✓ Qu'ils vous gardent en ligne dix minutes et vous envoient immédiatement une note d'honoraires correspondant au temps passé.

✓ Qu'ils se servent de l'arrêt maladie comme promo pour fidéliser leurs patients.

✓ Qu'ils vous demandent ce que vous désirez comme médicaments : la prescription à la carte !

La vendeuse

N'ayant pas de culture d'entreprise, elle ne réalise pas vraiment qu'elle est un prestataire de service. « Les vendeurs sont là pour vendre », et cependant ils évaluent assez mal le poids de leur attitude dans le chiffre d'affaires du magasin.

Anti-commerciale et mal élevée. Vous entrez. La vendeuse poursuit tranquillement une conversation téléphonique dont l'enjeu prime, d'évidence, l'intérêt que vous présentez en qualité de client. Elle se jette sur vous, babines retroussées, canines découvertes et vous interroge, menaçante : « Vous désirez… ? » (sous-entendu, si vous n'achetez pas tout de suite, dehors !). Vous faites un tour du magasin. Elle n'a toujours pas raccroché (ou continue de se mettre du vernis à ongles…). Elle vous suit pas à pas, muette, soupçonneuse. En soupirant, elle remet systématiquement en place (d'un centimètre) tout ce que vous avez effleuré du regard.

Vous demandez un article précis. Avant même que vous ayez fini de formuler votre demande, elle vous jette, triomphante : «Nous ne le faisons plus...» (sous-entendu, il fallait venir avant).

«Non, elle n'a pas; ils n'ont jamais rien dans cette boutique, et d'ailleurs, elle va donner sa dem'...» (vous-vous dirigez à reculons vers la sortie, elle vous suit). Indifférente : «Des quoi?». Elle n'ira pas plus loin. Elle reprend son téléphone : «Allô, Jennifer, excuse-moi ma chérie, ce n'était rien...» (c'était vous!). «Nous ne faisons pas du tout ça.» (Vous avez presque honte d'avoir demandé cet article).

Vous posez une question technique. «Vous z'avez qu'à regarder ce qui y'a d'écrit.» «À ce prix, ça ne peut pas être très solide.» «Prenez plutôt l'autre... (conseille-t-elle, gracieuse), celui-là ne vous va pas.»

Vous entrez dans une cabine d'essayage. Coopérative : «Vous z'avez bientôt fini? Y a une dame qui attend.»
Méfiante : «Vous z'avez pris combien d'articles?»
Optimiste (derrière la cloison) : «Rien ne vous va?»
Directive : elle tire le rideau un grand coup, ce qui a pour effet de vous livrer, en petite culotte, aux regards d'une clientèle attentive.
Elle est toujours avec Jennifer au téléphone.

Vous trouvez ça trop cher. La vendeuse est, d'évidence, la fille d'un magnat du pétrole; elle tombe des nues : «Comment ça, cher... Mille euros une veste!»
Elle prend pitié et vous propose, non sans mépris, de payer à tempérament... (sur deux semaines).
Elle acquiesce : «Elle avait bien vu que vous n'aviez pas les moyens.»

Elle reprend Jennifer au téléphone.

Dès le départ, elle a bien senti que vous n'achèteriez pas; elle vous le dit.

Elle hausse les épaules.

Elle menace : «Vous le regretterez.»

La secrétaire (assistante, collaboratrice)

Le secrétariat. C'est le pilier du savoir-vivre d'entreprise. Il est le passage obligé de la communication, sous presque toutes ses formes; il est, enfin, le détenteur des clefs donnant accès à tout collaborateur et du modus vivendi de tout un service. C'est à travers la voix de la secrétaire que l'on «entend» l'entreprise; c'est sa diligence qui fait la qualité d'une relation; lorsqu'elle fait barrage, aucun sésame ne vous permettra de passer outre.

La secrétaire idéale

✓ Son bureau, passage obligé des visiteurs, est d'une neutralité exemplaire : pas de cartes postales épinglées, de photos personnelles…

✓ Elle interrompt systématiquement toute conversation personnelle à l'approche d'un visiteur, quel qu'il soit. Celui-ci sera toujours prioritaire même lorsque la conversation a lieu avec un supérieur hiérarchique.

✓ Elle a une âme de maîtresse de maison (elle est responsable de l'eau des fleurs, prend soin des bureaux, veille à l'agrément des lieux, etc.).

✓ Elle se sent responsable de ce qui se passe autour d'elle, offre son aide lorsqu'elle voit quelqu'un attendre ou errer dans un couloir…

✓ Elle a la mémoire des noms, des visages et des voix (au télé-phone), et sait signaler à chacun qu'elle le reconnaît.

✓ Elle a une culture de base dans le domaine des relations publiques (titres, fonctions, importance).

✓ Sa discrétion est exemplaire.

✓ Elle gère les agendas sans dégager sa responsabilité lorsque survient un problème.

✓ Elle comprend l'importance des activités extra-profession-nelles de son patron qui sont une prolongation de son travail quotidien et participe donc à la gestion de sa vie privée (jusqu'à un certain point).

✓ Elle sait gérer les priorités. Un coup de fil peut nécessiter de retarder ou non le rendez-vous qui suit. Elle présente des excuses lorsqu' « il » va être en retard.

✓ Elle prend des initiatives sans avoir besoin de vérifier systé-matiquement qu'elle fait bien.

✓ Elle s'intéresse au contenu de ce qu'elle voit et entend (met en relief une lettre au courrier qui lui paraît importante, avertit de ce qui paraît suspect...).

✓ Elle « traduit » les humeurs excessives ou les réactions trop vives. Lorsqu'elle dit « non », elle le fait avec une telle délica-tesse que son interlocuteur est aussi à l'aise que si on lui avait dit « oui », car elle ne profite pas (comme quelques consœurs) de cette occasion qui lui est offerte de manifester une autorité dont elle n'est que le porte-parole.

✓ Bref ! Elle ne se prend pas pour celui ou celle qu'elle seconde.

L'attente

Toujours interminable, elle devient insupportable lorsque le responsable, ou présumé tel, reste indifférent. Qu'il s'agisse d'une compagnie d'aviation ou de l'épicerie du coin, l'attente et encore plus la file d'attente doivent se gérer avec attention et égard pour les victimes.

La mauvaise attitude…

✓ Rester derrière le comptoir à bavarder avec votre collègue ou à téléphoner. Toute activité de votre part est vécue par ceux qui attendent comme une provocation.

Et le bon comportement…

✓ Ne fuyez pas le regard de ceux qui sont condamnés à attendre. Souriez, manifestez votre compréhension !

✓ Vous vous levez et remontez, à intervalles réguliers, la file d'attente, ou vous vous rendez dans la salle d'attente.

✓ Donnez régulièrement des informations et annoncez les délais d'attente.

✓ Expliquez le retard et rassurez.

✓ Distribuez bonbons, imprimés et tout ce que vous pouvez avoir à offrir.

✓ Faites tout ce qui est en votre pouvoir pour gagner du temps et notamment demandez aux personnes concernées de préparer (si nécessaire) les documents à fournir. Rien de pire que d'avoir attendu des heures à la mairie et de s'entendre dire qu'il vous manque l'enveloppe timbrée !

Savoir gérer
un appel d'offre

« Quand on doit tuer quelqu'un, ça ne coûte rien d'être poli. »

Winston CHURCHILL

Respecter le travail de l'autre

Procéder à un appel d'offre consiste à contacter plusieurs fournisseurs pour établir ensuite une comparaison méthodologique de leurs offres et de leurs propositions tarifaires ; couramment pratiqué par les opérationnels, il existe aujourd'hui, dans certains secteurs d'activité, une direction des achats. Oublions pour une fois les simples facteurs de moralité qu'il ne devrait pas être utile de souligner, et arrêtons-nous aux détails de comportements coutumiers des malotrus. Le respect du travail de l'autre est un des points clés du savoir-vivre en matière d'appels d'offres. C'est là que le bât blesse, principalement. Entre donneurs d'ordre et fournisseurs, on retrouve la lutte des classes !

Non !

✓ Aux différences de traitement infligées aux fournisseurs. Un appel d'offre ne consiste pas à faire entrer des gladiateurs dans une arène. Les mêmes égards sont dus à tous ceux qui soumissionnent…

✓ Au barrage téléphonique infranchissable le jour des résultats pour ne pas avoir à donner de mauvaises nouvelles (c'est bien le seul moment où l'on voit tant d'âmes sensibles).

✓ Au marchandage déplacé. Un fournisseur n'est pas un marchand de tapis, et ses prix ne sont pas établis de la même façon que dans un souk. Certaines négociations sont littéralement offensantes.

✓ Au ton méprisant ou agacé.

Oui !

✓ Le client doit accepter de fournir tous les renseignements nécessaires ; même si le discours est jugé répétitif et fastidieux, le responsable traitera de la même façon les premiers et les derniers contacts.

✓ Si le choix est préalablement arrêté et que la compétition n'est qu'une formalité, le responsable limitera le travail de spéculation des sociétés concernées à un récapitulatif schématique, ne nécessitant pas d'investissement exagéré.

✓ Le moment venu, envoyer une lettre ou passer un coup de fil à chaque prestataire lui expliquant les raisons pour lesquelles il n'a pas été retenu et en le remerciant du travail effectué.

Avoir des valeurs

Le savoir-vivre n'est pas un simple «paquet cadeau protocolaire»; c'est la revendication d'une attitude dans la vie : un savoir être. Les valeurs y trouvent donc leur place.

Pour

✓ Affirmer ses valeurs, les revendiquer et les rappeler !

✓ Partir du principe que «l'autre» est de bonne foi et qu'il peut s'être trompé...

✓ Dépasser le simple comportement «correct» professionnel et respecter l'homme plus que le fournisseur ou le collaborateur.

✓ Faire respecter vos droits sans agressivité ; la fermeté n'exclut pas la courtoisie.

✓ Rester modeste. Il s'agit de la plus grande des élégances. Laissez les autres découvrir vos talents et vos qualités. S'ils ne les découvrent pas tout seuls, réfléchissez !

Contre

✓ Tous les comportements d'un client rustre et non professionnel : les manquements à soi-même et au respect d'autrui...

✓ Ne pas rappeler, ne pas répondre.

✓ Envoyer une lettre pour arrêter un contrat sans autre explication, etc.

✓ Faire faire le «lièvre» plusieurs fois de suite à un fournisseur, de façon outrancière, et se plaindre de la quatrième proposition « trop légère » alors que la méthodologie avait déjà été détaillée dans les trois propositions précédentes.

✓ En qualité de fournisseur, ne pas être retenu en *short-list*, et réaliser, lors de l'appel d'offre suivant, que le cahier des charges reprend point par point la proposition non retenue.

✓ Envoyer un cahier des charges le 5 août et exiger une réponse pour le 20 août, quand tout le monde est en vacances.

✓ Demander vingt-cinq exemplaires de la réponse.

✓ Demander un devis « urgentissime » et ne pas donner de réponse avant 3 mois.

✓ Le fait de ne pas ouvrir les enveloppes de réponse à l'appel d'offre pour une obscure raison administrative et adresser en retour le même devis non ouvert, trois mois après (classique dans l'administration).

✓ Établir un cahier des charges de trente pages pour une minuscule prestation...

✓ Établir un cahier des charges de deux pages pour une mise en place importante. La principale conséquence est que toutes les questions sont à poser et que le fournisseur exécutera un double travail.

✓ La pré-consultation d'un seul prestataire « sous le manteau » pour se servir du travail de rédaction effectué et envoyer le cahier des charges inspiré du projet à « toute la place ! ».

✓ Quitter un fournisseur après des mois ou des années de collaboration comme on jette un kleenex.

✓ Remettre en compétition son prestataire, comme on compare le prix de deux boîtes de petits pois.

Lors de la soutenance orale...

Attention, votre comportement peut vite être odieux! Depuis deux heures, vous n'avez pas proposé un seul verre d'eau à ceux qui planchent et vous regardez par la fenêtre ou répondez à votre téléphone portable. Cette attitude est à proscrire! Tâchez d'être courtois, évitez les remarques qui prouvent, d'évidence, que la proposition n'a pas été lue par la majorité des acteurs présents et évitez également de vous considérer comme faisant partie d'un jury de correctionnelle.

L'éthique du fournisseur

La courtoisie mène à l'éthique car c'est le premier stade du respect de l'autre.

Les règles d'or

✓ Ne pas entamer une course au « piston ».

✓ Faire preuve de discrétion.

✓ Remettre son devis en temps et en heure, par respect pour ses confrères autant que pour son futur client.

✓ Dans le cas d'une mise en concurrence, être le plus transparent possible dans sa proposition (sous-traitance non dissimulée, bannir les sous-évaluations volontaires de certains postes pour les augmenter par la suite, etc.).

✓ Remercier d'avoir été consulté.

À éviter absolument

✓ Dénigrer les autres propositions. On se contentera de valoriser la sienne (ce qui est plus efficace).

✓ Téléphoner tous les jours pour savoir comment on est placé dans la course au budget.

✓ La terrible tentation d'inviter l'acheteur (week-end de « réflexion », restaurants somptueux, places pour un match de foot...). Tous ces gestes qui entretiennent l'amitié... et la malhonnêteté.

✓ Critiquer un confrère.

✓ Draguer la secrétaire en la chargeant d'appuyer votre proposition.

✓ Être désagréable si l'on n'est pas retenu. Surtout, ne pas être grossier ni marquer outrageusement sa déception.

Bien se tenir

Attention au look !

Le savoir-vivre demande une adaptation vestimentaire car votre look est associé de façon inconsciente au comportement professionnel que l'on vous prête.

Pour vous messieurs

Oui !

✓ Aux cheveux propres et à l'haleine fraîche ! Rasé de près, l'after-shave discret mais présent, c'est avant tout le « propre » et le « net » qui vous définiront.

✓ Les chaussures cirées classiques, solides et à semelles épaisses.

✓ Aux chaussettes à côtes, en pur coton ou en pure laine, surtout bien tendues et montant assez haut pour cacher la peau.

✓ Au pli du pantalon impeccable et au costume repassé de près.

✓ Au souci de l'élégance : ne nous promet-elle pas implicitement la réhabilitation d'un certain savoir-vivre ?

✓ À la bonne éducation qui consiste à savoir adopter la tenue de votre milieu professionnel. Il existe des codes vestimentaires qui vous situent favorablement.

✓ Au *Friday wear*, c'est-à-dire la mode consistant à adopter une tenue de week-end dès le vendredi.

✓ À la qualité des tissus qui fait l'élégance non seulement du vêtement mais aussi de celui ou celle qui le porte.

✓ À la cravate parce que... c'est séduisant une jolie cravate ! (donc vendeur).

Non !

✓ À l'odeur de tabac accrochée à la vieille veste, aux poignets de chemise douteux.

✓ Aux chaussures à semelles fines comme une crêpe... à la fantaisie et aux « *dock side* » en costume.

✓ Aux chaussettes tire-bouchonnées, trop basses, trop fines dans la journée, trop épaisses le soir.

✓ Aux poignets mousquetaire qui dépassent de la veste (de plus d'un centimètre).

✓ Au col ouvert, à la cravate desserrée, à la veste sur l'épaule, aux baskets au bureau et au look mal rasé du type : « J'ai trop de boulot et j'ai travaillé très tard. »

✓ À la recherche de l'originalité par rapport à votre milieu professionnel. Dans la pub, pourquoi porter un costume trois pièces ? Et inversement, ne croyez pas rajeunir l'image de la banque dans laquelle vous travaillez en ne portant que des jeans.

✓ Aux chemises à manches courtes, surtout avec cravate !

✓ Aux chemises en polyester (elles retiennent les odeurs corporelles).

Les détails qui tuent

✓ Arriver à un rendez-vous, son autoradio antivol à la main.

✓ Porter une sacoche en bandoulière lorsqu'on est un homme.

✓ Utiliser des cure-dents en public.

✓ Garder l'oreillette de son portable en permanence.

✓ Avoir son portable accroché à sa ceinture (exception faite pour les plombiers et les gardiens d'immeubles).

✓ Fermer les portes à clef derrière soi, au bureau.

✓ Avoir des pellicules sur son veston.

✓ Fumer : le tabagisme est devenu du dernier mauvais goût.

✓ Se vautrer dans un fauteuil, cou rentré dans les épaules.

✓ La gourmette épaisse, la chevalière voyante ou la lourde chaîne autour du cou.

✓ Les chaussures non cirées (elles peuvent être « fatiguées » mais rutilantes).

✓ Rouler en plein hiver en chemise au volant de sa voiture, veston suspendu à un cintre le long de la vitre du passager arrière.

✓ Le spiercings, tatouages...

✓ La cravate « humoristique » ou trop voyante.

Et pour vous mesdames

Le monde du travail demande, tout spécialement pour les femmes, naturel et simplicité.

✓ Le sexy : stretch, moulant, taille basse, nombril en vue, etc.

✓ Le collant filé.

✓ Les talons aiguilles qui claquent bruyamment.

✓ Le rouge à lèvres qui déborde ou qui laisse des traces sur les dents.

✓ Les auréoles sous les bras.

✓ Les parfums entêtants.

✓ Le vernis à ongles écaillé.

✓ Les hauts talons vacillants.

✓ Le « trop habillé » ou le « pas assez ».

✓ Trop de bijoux.

✓ Les cheveux oranges ou roses !

✓ La mèche punk (ou crêpée).

✓ Les racines noires qui se prolongent en blond.

« Trop sympa ! »

L'absence de repères et la disparition des codes liée au nivellement des classes sociales a donné un ersatz de courtoisie de remplacement. Être poli, c'est être affable avec tout le monde et à chaque instant. Cela n'empêche pas tout un chacun d'être agressif, discourtois et désagréable, mais on estime gommer ces attitudes par des souhaits de bonne augure. Vingt fois par jour (au moins), on vous prodigue les souhaits les plus sympathiques et les moins sincères. Bonne journée, bon appétit, bonne fin d'appétit (au moment du dessert au restaurant !), bonne après-midi, bonne soirée, bon week-end, bonnes vacances, bons achats, bonne continuation (!), bonne santé, bon rétablissement… Au bureau, dans une boutique, à la caisse du supermarché, dans l'ascenseur, en entrant, en sortant… Et il faut répondre et re-souhaiter à son tour. Des tics sociétaux étouffants, qui n'apportent rien et qui masquent une indifférence croissante et un égocentrisme dominant. On croit se débarrasser des usages par une logorrhée de courbettes verbales. Incliner la tête avec le sourire, regarder les gens dans les yeux avec sympathie, serrer la main quand il le faut sont autant de témoignages efficaces d'une courtoisie de bon aloi.

L'interpellation permanente d'autrui est contraire à la bonne éducation qui consiste à respecter le périmètre intime de l'autre, y compris au bureau dans un espace clos.

Le « maintien », un mot oublié…

✓ Serrer la main normalement (ni trop fort, ni mollement, ni longuement, ni à la sauvette…). Quant à la poignée de main humide, vous n'en êtes pas responsable, mais lorsque vous en avez conscience, essayez d'y pallier.

✓ Soutenir le regard de votre interlocuteur, droit dans les yeux.

✓ Pour une femme, apprendre à croiser les jambes !

✓ Vous servir de votre corps pour étayer votre discours (redressez-vous pour conclure un point précis par exemple).

✓ Savoir utiliser l'espace sans rester recroquevillé(e) dans un coin ou au contraire en vous étalant : dossiers étalés sur une table, manteau sur un fauteuil, porte-documents sur un autre…

✓ Surveiller vos tics. Ne secouez pas indéfiniment un pied ou une jambe !

✓ Tenez-vous droit.

À proscrire !

✓ Parler sous le nez des gens, à dix centimètres de leur visage.

✓ Regarder ailleurs quand on vous parle (même furtivement).

✓ Dans le bureau d'autrui, déménager les meubles ou vous avancer avec votre fauteuil.

✓ S'asseoir au bureau d'un collaborateur sous prétexte qu'il est moins gradé. C'est un viol de territoire.

✓ Mettre des objets à la bouche (mains, ongles, crayons, trombones…).

✓ Sortir des toilettes en refermant un bouton ou une fermeture quelconque !

✓ Envoyer des SMS en même temps que vous parlez à votre interlocuteur.

Rappelez-vous que le langage du corps est la ponctuation de votre comportement général et qu'en outre, on sait lire votre personnalité dans votre attitude.

Le désordre

Il faut le compter dans les indélicatesses notoires. Avec l'accélération du rythme de vie, il s'est propagé comme une épidémie dans l'indifférence générale, et la vie professionnelle des femmes leur a fait reléguer les vertus ménagères au grenier. Ceci se comprend d'ailleurs tout à fait, mais l'ordre est bien plus qu'une vertu ménagère. Il structure jusqu'à la pensée, entraîne à la discipline et encourage la rigueur et donc la morale. Ne pas ranger, c'est cautionner une consommation de l'instant, de l'objet sans hiérarchie ; c'est aussi refuser l'obéissance à un ordre établi, ignorer l'autre, être indifférent à l'esthétique... C'est également renoncer à la propreté, difficile à maintenir au milieu du capharnaüm. Au bureau, le désordre va jusqu'à se revendiquer : «je suis seul(e) à retrouver mes papiers dans mon foutoir», et pourtant...

L'ordre, un savoir-vivre

✓ L'ordre est l'acceptation d'un partage du travail et des responsabilités puisqu'il le rend accessible aux autres.

✓ L'ordre est une transparence (on cache dans son désordre).

✓ L'ordre témoigne du respect non seulement de l'autre, mais des conventions sociales professionnelles.

✓ L'ordre est un témoignage de bienvenue dans son bureau et dans l'entreprise.

✓ L'ordre est un refus de la paresse.

✓ L'ordre démontre que l'on est capable de ne pas toujours remettre à plus tard.

✓ L'ordre permet de se projeter vers l'avenir et de l'organiser.

✓ L'ordre est le fondement de l'exemplarité.

✓ L'ordre est la capacité de maîtriser les détails dont on sait qu'ils font réussir ou échouer les projets.

Le désordre, une insulte

✓ Sortir de salle de réunion (avant la prochaine) en laissant sa tasse de café sale, son verre ou ses brouillons à jeter aux suivants.

✓ Enfouir le dossier que l'on vous tend dans un bric-à-brac des plus inquiétants.

✓ Partager un bureau et ne pas se soucier de ce que l'autre peut souffrir du désordre puisque le vôtre ne s'étend que sur votre « zone ».

✓ Laisser traîner ou abandonner ses affaires sur le bureau des autres.

✓ Perdre le fruit du travail collectif.

Pour racheter une entreprise, un consultant d'une société de capital investissement se targuait de visiter les moindres recoins (salles d'archives, entrepôts, remises, etc.). Selon lui, il n'y avait aucun doute, une société bien rangée était une société bien gérée. Avant de dire « range ta chambre » à vos enfants, dites-vous à vous-même : « range ton bureau ! » et donnez l'exemple.

L'exactitude : la politesse des rois…

L'exactitude est la base du savoir-vivre dans toutes circonstances car elle dicte un comportement dans la vie. Être exact, ce n'est pas seulement arriver à l'heure, c'est aussi et surtout tenir sa parole et faire preuve de fiabilité. L'exactitude s'applique désormais au téléphone. Si vous n'envisagez pas de rappeler vos interlocuteurs, ne mettez pas en place une messagerie promettant : « Je vous rappelle dès que j'ai votre message... » Trois appels laissés sans réponse vous classent irrémédiablement dans la catégorie des gens mal élevés. Lorsqu'il s'agit de quelqu'un à qui vous devez plus d'égards, vous avez droit à deux appels sans retour (pas plus). Idem pour les mails de vos contacts connus.

Le retard

Il est particulièrement mufle d'être en retard

✓ À l'opéra ou au théâtre : vous êtes alors mal élevé(e), non seulement envers vos relations, mais envers les acteurs, les chanteurs... et l'auteur !

✓ Au restaurant. Rien n'est plus exaspérant que d'attendre seul(e) à une table.

✓ Lors d'un rendez-vous à plusieurs : un seul être manque et tout le monde est gêné.

✓ À un dîner : si on vous invite à 20 h 30, la fâcheuse habitude d'arriver à 21 h 30 est de moins en moins tolérée.

✓ Lors des réunions : dans certaines entreprises, les retardataires sont refusés ; peut-être faut-il en passer par-là pendant quelques temps.

✓ Sur un quai de gare, métro... ou en plein air.

✓ Systématiquement...

Le B.A.-BA

✓ C'est le moment de vous servir de votre portable ! Pensez à appeler le restaurant plutôt que la personne qui vous attend, c'est moins stressant.

✓ Envoyez des fleurs, dès le lendemain, après un retard gênant. Ce sera toujours apprécié.

✓ Écrivez un mot d'excuse. Non seulement il vous fera pardonner, mais il renforcera votre réputation de courtoisie.

✓ Plutôt que de les poster le 28 janvier, n'envoyez pas de vœux !

À éviter

✓ De grâce, n'expliquez pas pendant 10 minutes les raisons de votre retard. C'était déjà pénible de vous attendre, et vous retardez tout le monde avec vos explications.

✓ Faire attendre quelqu'un revient à être en retard soi-même (même si c'est à l'accueil de votre entreprise et que vous avez un coup de fil qui se prolonge).

✓ « Mieux vaut tard que jamais » n'est pas un proverbe valable dans un univers professionnel exigeant. Il vaut mieux « oublier » et reprendre contact que d'envoyer un document après que les délais soient dépassés.

✓ Faire attendre un fournisseur, que ce soit pour la réponse à un devis, une facture impayée ou le renouvellement d'un contrat, engage toute l'entreprise et nuit à sa réputation. Pensez-y ! Vous n'êtes jamais seul(e) en cause.

✓ Ne vous servez pas du temps comme corollaire de votre puissance. Plus vous êtes « gradé(e) », plus il faut donner l'exemple.

Formuler des excuses

Pas d'orgueil mal placé : savoir s'excuser, c'est se respecter soi-même. D'abord, on ne s'excuse pas soi-même : dire « je m'excuse » est impropre (bien que ce ne soit déjà pas mal !). Il faut dire : « je vous prie de m'excuser », ou plus simplement, « excusez-moi ». Ensuite, le mot magique ne suffit pas, tout n'est pas réparé pour autant.

À l'oral : des excuses se présentent oralement, mais il est plus délicat de les réitérer par courrier, en adressant une carte ou une boîte de chocolats, autant de témoignages de regrets brièvement exprimés. Des excuses avalées ne règlent pas un contentieux professionnel ou personnel : c'est le savoir être qui doit prendre le dessus. L'inflation de mots a tué les gestes.

À l'écrit : une lettre d'excuse est avant tout un signe affectif. Le sentiment de réparer une erreur ou une blessure peut créer une relation nouvelle, plus forte encore que celle qui précédait. Une brouille effacée est un soulagement, et, dans l'euphorie de la réconciliation, c'est donner la preuve que les protagonistes comptent l'un pour l'autre.

Le remerciement

La pire des impolitesses est celle du cœur car elle est blessante. Le remerciement est le grand oublié du moment. Si l'on se gargarise de mots chaleureux dans l'instant, ils ne remplacent en aucun cas le remerciement réfléchi : celui du lendemain. Le délai entre le coup de fil, le SMS, le message, le petit mot qui suit une invitation, un cadeau ou toute marque de générosité ou de gentillesse est ce qui donne de la valeur au remerciement.

Dans un monde interactif, on a oublié la mémoire. Remercier systématiquement et a posteriori est la preuve que la relation n'est pas un bien consommable qui se jette après usage. Les fleuristes déclarent recevoir plus de 40 % d'appels dans les jours qui suivent une livraison de fleurs pour vérifier que celle-ci a bien eu lieu. On néglige tout simplement de remercier du bouquet de fleurs que l'on a reçu! Vous avez 12 h, tout au plus 24 h, pour le faire.

Au bureau tous les jours : portrait ou autoportrait?

✓ Inutile de vous réjouir de voir exprimer ici ce dont vous êtes témoin, dix fois par jour; sachez que si la paille est bien visible, la poutre n'est pas loin.

✓ Qui aboie au téléphone?

✓ Qui ne se présente jamais en décrochant?

✓ Qui boit, mange, mâche un chewing-gum, fume… en téléphonant, jusqu'à rendre sa voix méconnaissable?

✓ Qui n'a jamais le dossier qu'il faut devant les yeux lors d'un coup de fil pourtant attendu?

✓ Qui fait régulièrement autre chose en téléphonant (rangement, lectures diverses, application de vernis à ongles, découpage…) et se contente de ponctuer le dialogue de grognements?

✓ Qui met (subrepticement) l'amplificateur pour faire profiter trois personnes d'une conversation qui ne leur est pas destinée?

✓ Qui charge cavalièrement sa secrétaire de se débarrasser de l'importun qui souhaite lui parler?

✓ Qui refuse de prendre en ligne le malheureux rencontré l'avant-veille à qui il a chaleureusement conseillé de «l'appeler sans faute cette semaine»?

✓ Qui n'a rien compris au maniement de son poste (bien qu'il soit sorti de Polytechnique) et est incapable de repasser le standard à un égaré?

✓ Qui se vante d'expédier tous les appels et de détester le téléphone?

✓ Qui traite ses fournisseurs comme des parias?

✓ Qui ne tient pas ses engagements de rendez-vous téléphoniques?

✓ Qui tient une conversation entière devant un tiers sans lui prêter la moindre attention?

✓ Qui demande à sa secrétaire d'appeler Untel, et en même temps compose un autre numéro sur une autre ligne? Résultat : «Untel», qui n'a rien demandé à personne, s'entend ordonner «Ne quittez pas, M. Durand a pris une autre communication pendant que je vous appelais...» (comble de la grossièreté, surtout quand on a été dérangé en réunion pour répondre et que, de plus, l'attente se prolonge).

✓ Qui ne rappelle jamais (par principe)?

✓ Qui charge un collaborateur de tous les messages difficiles, alors que la plus élémentaire des courtoisies serait justement de s'en charger soi-même?

✓ Qui reste pendu à son portable sans considération pour autrui?

Pas vous? Jamais?

Conclusion

Une bonne stratégie de communication doit aujourd'hui prendre en compte le fait que les composantes du succès résident dans les «plus» offerts aux prospects ou aux clients, les marques de considération qui leur seront témoignées, le contact qui s'établira entre eux-mêmes et leur relation professionnelle, quelle qu'elle soit.

Les «plus produits» sont devenus des «plus relationnels». Les services après vente (SAV) et les cellules consommateurs ne sont plus les services maudits des réclamations, mais bien de véritables services, sources de recueil d'informations destinées à toujours mieux satisfaire le client. Il ne s'agit plus de se contenter de l'évaluation impartiale de la qualité du service offert mais de la perception qu'en a le consommateur. L'ambiance retraduite par les consommateurs est non seulement prise en considération, mais régulièrement et soigneusement mesurée ; on prend la température... Des baromètres sont mis en place, instruments de sondages réguliers permettant d'étudier chaque variation climatique, chaque grimace ou chaque sourire des flux des consommateurs.

Ce souci de bonne réputation ne correspond-t-il pas finalement à la simple transposition de ce qui régit les rapports humains sur un plan individuel ? Cette inquiétude face au regard d'autrui, cette recherche d'estime, d'admiration, ce désir de briller en public, ce goût du paraître à son avantage et cette constante exigence de soi ne sont rien d'autre que des fondements de la vie en société. Le zèle social qui régit les rapports humains peut s'appliquer aujourd'hui à l'entreprise et donner naissance à des « chartes » du comportement d'où émerge l'éthique.

Un savoir-vivre qui donne aussi à l'entreprise une possibilité supplémentaire de se distinguer de la concurrence, un langage qui permet de communiquer sous une autre forme et d'offrir une réponse à cette quête éternelle d'un idéal relationnel, le retour de l'individu face à l'institution et le règne du consommateur vont-ils permettre d'accéder à l'âge d'or des rapports humains dans l'univers de l'entreprise ?

À quand le savoir-vivre coté en Bourse ?

www.ingramcontent.com/pod-product-compliance
Lightning Source LLC
Chambersburg PA
CBHW062019200326
41519CB00017B/4845